HISTORIA DE LAS GUERRAS, A MI MANERA

Saga: Reflexiones sobre la Historia, a mi manera

JOSÉ ANTONIO TORREALDAY LLONA

HISTORIA DE LAS GUERRAS, A MI MANERA

Saga: Reflexiones sobre la Historia, a mi manera (4)

Primera edición: 2025

© 2024 José Antonio Torrealday Llona
Editorial: BoD · Books on Demand,
Calle de Manzanares, 4, 28005 Madrid,
bod@bod.com.es
Impresión: Libri Plureos GmbH, Friedensallee 273,
22763 Hamburg (Alemania)
ISBN: 978-84-1092-078-1

Este ensayo está escrito para mis nietos:
Alain, Ainara, Naia, Malen y Ibai

Espero que estas reflexiones les sirvan para diferenciar entre dos tipos de personas: los que se esfuerzan por dejar el mundo al que llegaron un poco mejor de como lo encontraron y quienes, de forma egoísta, solo se preocupan de ellos mismos.

Un abrazo para todos desde allí donde ahora me encuentre

HISTORIA DE LAS GUERRAS, a mi manera

INTRODUCCIÓN

I.- BREVE HISTORIA DE LAS GUERRAS

Aprendamos de nuestra historia

II.- REFLEXIONES SOBRE LA GUERRA
¿Qué es la guerra?

2.1.- Explotación del hombre por el hombre
2.2.- El ser humano y la guerra
>   **2.2.1.-** Definición de guerra
>   **2.2.2.-** Sobre el desastre de la guerra total
>   **2.2.3.-** ¿Y la guerra para las mujeres?
>>   **A.-** Historia
>>   **B.-** Sobre la violación en guerra
>>   **C.-** Ejemplos recientes de violaciones en guerras
>>   **D.-** Legislación actual sobre la violación en guerra
>>   **E.-** Sobre la violación como delito sexual
>>   **F.-** Tipos penales actuales sobre violación
>>   **G.-** La mujer, la guerra y el futuro
>>   **H.-** La violación en la cultura musulmana
>   **2.2.4.-** Consecuencias de la guerra
2.3.-. La naturaleza de la guerra
>   **2.3.1.-** La guerra nunca cambia de naturaleza
>   **2.3.2.-** El contexto del poder y la estrategia de la guerra
2.4.- Sobre las razones de las guerras
>   **2.4.1.-** Para Tucídides, Historiador griego del siglo V a.C.
>   **2.4.2.-** Para Maquiavelo
>   **2.4.3.-** Para Hobbes
>   **2.4.4.-** Causas para muchos expertos:
>   **2.4.5.-** Mi criterio
>>   **1.-** La causa única y fundamental de las guerras
>>   **2.-** Sobre la Ley de la insatisfacción permanente
>>   **3.-** Sobre el gregarismo
>>   **4.-** ¿Podemos controlar nuestras tendencias?
>>   **5.-** ¿Son psicópatas todos los dictadores?

V.- UTOPÍA: EL FIN DE LAS GUERRAS
5.1.- Nuestra actual actitud.

5.2.- Preguntas que debemos plantearnos

5.3.- ¿Cómo utilizar nuestras capacidades

5.4.- Nuestro reto y utopía: hombres y mujeres

5.5.- Es hora de despertarnos a la realidad

5.6.- La educación como base de nuestra utopía

5.7.- ¿Un mundo sin guerras?

5.8.-El movimiento a favor de la paz

VI.- Definición de "UNIVERSALIDAD" ("SOMOS UNO")
6.1.- La Universalidad en la antigüedad

6.2.- El siglo XX y la Universalidad

6.3.- El Covid 19 y la Universalidad

6.4.- Educación y Universalidad

6.5.- Las tres leyes de la naturaleza humana y la Universalidad

6.6.- Universalidad e Identidad

    6.6.1.- Sobre el concepto de identidad

    6.6.2.- Identidad & universalidad

    6.6.3.-Todos nacemos en algún lugar

    6.6.4.- El concepto de nacionalismo

    6.6.5.- Universalidad & nacionalismo

    6.6.6.- El concepto "ser humano" es erróneo

    6.6.7.- El concepto "Homo Sapiens"

    6.6.8.- Aspirar al humanismo

    6.6.9.- Conozcámonos y aprendamos a avanzar

6.7.- Sobre el concepto de tolerancia

    6.7.1.- La tolerancia antes del Dios Único

    6.7.2.- ¿Estamos cambiando algo en la actualidad?

    6.7.3.- Dios contra la universalidad

    6.7.4.- El camino marcado por Luís Ferrajoli

HISTORIA DE LAS GUERRAS, a mi manera

INTRODUCCIÓN

La humanidad, lo que somos en el año 2025 el conjunto de los Homo Sapiens, es fruto de la evolución de millones de años de la especie humana.

¿Pero la sociedad mundial actual es lo que nosotros, como especie, hemos decidido hacer y ser?

NO.

Si la Historia de la Humanidad la contasen los perdedores y no los ganadores, como siempre ha sucedido, quienes han sufrido el racismo, el servilismo, la esclavitud y las guerras, es decir el pueblo, y no quienes se han beneficiado de todo ello a lo largo de la misma, la narración sería absolutamente diferente. Todos conocemos las gestas militares de los "personajes singulares" que aparecen en los libros de Historia.

Pero ¿Quiénes son los verdaderos perdedores de la Historia de la Humanidad?

¿Hanibal frente a Escipión?
¿El emperador persa frente a Alejandro Magno?
¿Moctezuma frente a Cortés?
¿Napoleón en Waterloo?

No

Ellos perdieron o ganaron las guerras que dirigieron, pero los verdaderos perdedores, como siempre ha sido, fueron los más de 80 millones de personas que murieron en la Segunda Guerra Mundial, otros tantos millones de personas que también fueron heridas, las más de cincuenta millones de personas desplazadas que sufrieron sus consecuencias y las más de 1.250 millones de víctimas estimadas de las guerras de la historia del mundo. Los perdedores siempre han sido quienes durante miles de años han sido esclavizados, convertidos en siervos o en "razas inferiores", los pueblos obligados a guerrear con otros pueblos para mayor gloria de los poderosos de turno.

El verdadero perdedor de la historia humana siempre, al menos hasta mediados del siglo XIX, fue el noventa y nueve por ciento del género humano, el ganado listo para llevar al matadero. A partir de la Revolución Industrial con el consiguiente capitalismo y del inicio de los movimientos de democratización, ese 99% se ha ido reduciendo y cada vez más personas hemos podido escapar del servilismo y la pobreza, aunque el camino por recorrer, como más adelante expondré, será todavía muy largo, arduo y costoso para poder llegar a una verdadera democracia y a la reducción de desigualdades.

En estos ensayos vengo exponiendo diversas etapas de una Historia de la Humanidad que, si la analizamos, nada nos cuenta sobre los perdedores. Solamente aparecen personajes singulares y el pueblo nunca.

¿Por qué no aparece el pueblo?¿No tiene acaso historia?

¿No es acaso el que ha hecho posible esa historia que le es extraña, trabajando de sol a sol, luchando en todas las guerras, construyendo las catedrales, siendo unas veces esclavo y otras siervo o soldado, pero siempre defendiendo los intereses del "AMO" a cambio de un permiso de supervivencia?

¿No fueron acaso Julio Cesar, Napoleón, Hitler, Stalin personajes singulares que adormecieron la ira del pueblo llano alimentando sus tendencias, acallando sus capacidades y guiándolo hacia los fines que ellos deseaban, siempre coincidentes con sus aspiraciones de ambición económica y poder?

¿No fueron todos los reyes y emperadores que en el mundo han sido personajes singulares que siempre han priorizado sus propios intereses a los de la inmensa mayoría y que han utilizado los grandes rebaños humanos para alimentar sus egoísmos y sus ansias de más poder y dinero exclusivamente para ellos mismos, sus familias y aquellos allegados necesarios para mantener el poder?

Me gusta la definición que de la Historia hace Hermann Kesten en su obra "Felipe II": "La Historia para la humanidad es la crónica de una enfermedad, innecesaria e inútil".

¿No ha actuado el poderoso siempre de la misma forma?

¿Qué han sido los nobles sino los poderosos de épocas anteriores que han servido a los reyes y emperadores para mantener sus prerrogativas, sus tesoros y su propio poder?

¿No fue acaso la nueva nobleza, la de los nuevos ricos, la de los hombres enriquecidos por la revolución industrial, la que rápidamente comprendió que podían comprar los viejos títulos nobiliarios y sus prerrogativas con el dinero y con el poder que la abundancia de dinero aporta?

¿No resulta significativo que el Homo Sapiens que adquiere cierto poder y dinero siempre actúe de la misma forma, es decir, haciéndose socio o partícipe de esa centésima parte de la población (la nobleza de cada época) que utiliza a todo el resto para su único y propio beneficio?

¿No es acaso verdad que en este siglo XXI en todo el mundo se valora la categoría de las personas en función de su dinero, al igual que en todas las épocas anteriores?

¿No somos nosotros los hijos y nietos de quienes durante miles de años han sido utilizados por unos pocos privilegiados como ganado, como fuerza de trabajo, como arma de choque, como punta de lanza en cada ocasión que fuera necesaria para obtener beneficio y poder solo para ellos?

¿No son los actuales propietarios de las multinacionales industriales, financieras, logísticas y tecnológicas los nuevos "nobles" con las mismas aspiraciones que sus predecesores?

Esta y no otra es la Historia de la Humanidad, la que nunca se nos ha contado, pero que, como nos lo expone Carlos Ruiz Zafón en su novela "El laberinto de los espíritus": "Es simplemente un espejo de quienes habitamos el mundo y no es ni más ni menos que lo que hacemos de él entre todos". Todos participamos en la historia del mundo, la gran mayoría como sufridores y una minoría como ganadores. y seguimos sin aprender sus lecciones porque tampoco a los poderosos les ha interesado enseñarnos cómo funciona y ha funcionado siempre, sin que en este siglo XXI haya cambiado demasiado, ya que las guerras y las inmensas desigualdades sociales y económicas siguen.

Y es hora de cambiar la forma de hacer Historia, es hora de que la mayoría también participe y se beneficie de la Historia, porque el arma más potente y eficaz que "los antiguos nobles" tuvieron fue el de mantener al pueblo en la más absoluta ignorancia, mantenerlo reducido a la condición de "menor de edad" necesitado de un padre protector.

Pero primero hemos de aprender a reconocer nuestra propia historia y a diferenciarla de la que estamos tan acostumbrados a escuchar. Como nos lo recuerda Yukio Mishima en su novela "Caballos desbocados": "La Historia ha de ser mirada desde una perspectiva que ofrezca una visión amplia y equilibrada. La visión amplia ofrecida por la historia habla doblemente: suministra información y a la vez constituye una guía del presente".

Ya en el siglo XIX hubo un cambio formidable, poco reconocido por los contadores, pero sustancial para nuestro futuro: la educación empezó a ser más asequible, aunque fuera una educación sesgada e interesada en función de los dirigentes de la época. Y con ella y con la mentalidad capitalista de la época, que no ha dejado de expandirse en todo el mundo, la sempiterna clase servil empezó a andar su camino hacia otra calidad de vida, hacia una mayor independencia respecto a los poderosos al irse capacitando en los países industrializados y adquiriendo mayor nivel económico y formativo. Aunque la educación siguiera siendo insuficiente y aún lo siga siendo en la actualidad, lo que ha permitido que sigan las guerras y los regímenes autoritarios.

Este siglo XXI debería ser el siglo del cambio del fondo y de los figurantes. Ahora contamos con dos poderosas armas, dos aliados con los que nunca hemos podido contar y que siempre han estado dominados por los poderosos: la EDUCACIÓN ADECUADA y LA MUJER. Y ellos, los poderosos, han perdido un fabuloso aliado como lo eran LOS RELIGIOSOS, salvo en los países de mayoría musulmana, donde sus actuales dirigentes, tanto religiosos como laicos, siguen usando y abusando del sentimiento religioso servil de sus habitantes. Y ambas armas han de servirnos, si son utilizadas de forma adecuada, para conseguir una DEMOCRACIA VERDADERA, sin la cual siempre seguiremos a merced del UNO POR CIENTO más rico y poderoso.

¿Cómo ha sido posible esta historia tan ventajosa para unos pocos y tan cruel para la inmensa mayoría de los mal llamados HOMO SAPIENS?

Alguien denominó con el apelativo de "Homo Sapiens" a la especie humana, pero el calificativo Sapiens solamente lo han sabido utilizar con verdadero éxito unos pocos de entre tantos millones que formamos la especie "HOMO".

¿Cómo denominar a las guerras? ¿Mataderos propiciados para el beneficio de unos pocos? ¿Historia del ganado llevado al matadero? ¿No se han entendido siempre de maravilla los poderosos que en el mundo han sido salvo cuando se enfrentaban entre sí para dominar al otro y ampliar su poder y sus tesoros?

Cicerón nos regaló una hermosa definición de la Historia: "La Historia es testigo de los tiempos, luz de la verdad y maestra de la vida" Y yo añado otra frase que he leído en alguna parte: "El pasado es inevitable al tiempo que es una enseñanza". Pero hemos de reconocer la realidad de los hechos para poder contarlos con ética, denunciarlos cuando sea necesario y para poder luchar juntos aprendiendo de ellos para superarlos. Deseo que quienes conocen mejor que yo estas realidades puedan ampliarlas, refutarlas, criticarlas y ayudarme a comprenderlas mejor.

Pero algo está cambiando y todo se inició con el Renacimiento, siguió con la Ilustración, la Revolución Francesa y el surgimiento de las Universidades y del Sistema Capitalista, que han hecho posible la extensión del ESPÍRITU CRÍTICO y la parte SAPIENS de nuestra definición como HOMO SAPIENS. Analicemos, conozcamos nuestra propia naturaleza humana y nuestra historia real y aprendamos para entender lo que sucedió y sus porqués y lo que hoy está sucediendo, para poder decidir qué futuro queremos construir.

I.- BREVE HISTORIA DE LAS GUERRAS

Aprendamos de nuestra historia

1.1.-Las guerras antiguas y modernas

Desde la más remota antigüedad, la guerra ha sido un mecanismo de primer orden para garantizar una posición dominante o, como mínimo, para no verse dominado. La guerra, pues, es un comportamiento humano recurrente a lo largo de la historia. El primer conflicto bélico conocido enfrentó a las ciudades-estado sumerias de Lagash y Umma hacia el año 2.450 a.C., venciendo la primera.

En las sociedades primitivas el origen de las guerras era en la mayoría de los casos más claro que en la actualidad: por la presión del crecimiento demográfico y por la escasez de recursos. Ya en el comienzo de las civilizaciones hubo enfrentamientos organizados entre grupos humanos armados con el propósito de controlar recursos naturales o humanos, exigir un desarme o imponer algún tipo de tributo, ideología, nacionalidad o religión sometiendo, despojando y, en su caso destruyendo al enemigo.

Como nos comenta David P. Barash en su artículo "¿Son los seres humanos naturalmente violentos y belicosos?": "La guerra es una adición cultural comparativamente reciente al repertorio humano, adquirida en los últimos 10.000 años aproximadamente, como resultado de varios factores, incluida la invención de la agricultura, que generó la acumulación de valiosos recursos materiales, que se prestaban tanto para ser robados como defendidos, además de permitir la construcción de elaboradas jerarquías sociales y tecnologías cada vez más efectivas para la comunicación, la coordinación y el asesinato".

Según la Enciclopedia Mundial de las relaciones humanas y Naciones Unidas, en los últimos 5.500 años se han producido 14.513

guerras que han costado más 1.240 millones de vidas y no han dejado sino 292 años de paz. Más de 8.000 tratados de paz se han firmado en el transcurso de los últimos 3.500 años".

Entre 1820 y 1950 hubo 315 conflictos con al menos 300 muertos cada uno y entre 1960 y 1982 ha habido 65 conflictos armados de más de 1000 muertos en 49 países con 11 millones de víctimas. Las guerras entre 1945 y 2010 suman 246 enfrentamientos armados en 151 lugares del mundo. Estas son formas simples de exponer la historia, nuestra historia, la historia de la humanidad, pero que exigen una razón de ser.

No basta con "EXPONER" lo sucedido en la historia, sino que debemos preguntarnos por los porqués de tanto desastre, tanta crueldad, tanto egoísmo, tanto enfrentamiento, tanto dolor, cuando mediante la colaboración entre los hombres y mujeres y entre los pueblos se hubiera podido conseguir unas mejoras y unos avances mucho más significativos para todos en mucho menor tiempo y sin necesidad de guerras.

O al menos esto me dicta mi sentido común y mi lógica mental.

Ya en la antigüedad clásica del imperio romano, Cicerón, en su diálogo dedicado a Protágoras, encontraba la convincente alegoría de que la política fue un don de los dioses a los hombres para evitar su recíproca aniquilación, visto que, como las bestias, tienden inevitablemente a entrar en conflicto unos con otros y que, a diferencia de aquellas, la técnica ha puesto en sus manos armas de poder destructivo inmensamente superior al de los colmillos y las garras. Cicerón también dijo: "La paz más injusta es siempre mejor que la más justa de las guerras". Aunque no estoy muy de acuerdo, ya que hay paces muy injustas y yo la cambiaría por esta otra frase que he leído en algún lugar: "incluso la guerra más justa termina provocando las más aterradoras injusticias. Y es que la guerra es un monstruo en sí misma. La guerra es el cáncer de la humanidad".

Hemos de reconocer que la historia de las guerras no es la suma de hechos evitables, porque la historia nos muestra en ellas al hombre en su esencia y digo bien AL HOMBRE, sin incluir a las mujeres, ya que éstas han sido hace muy poco tiempo, es decir durante todo el tiempo prehistórico e histórico de la humanidad, meras comparsas utilizadas "por la ley de la fuerza" como instrumentos de holganza, procreación y cuidado de los niños.

¿Y qué ha sucedido en los tiempos modernos, en los últimos dos siglos? ¿El hombre ha mejorado en su forma de actuar a medida que ampliaba su cultura?

No, la Tercera Ley de su Naturaleza, la Ley de la Insatisfacción Permanente, sigue dominando y haciendo crecer la monstruosidad de las violencias, provocando cada vez guerras más abominables, brutales y mortíferas a causa de las mismas razones de siempre: la ambición y el poder para dominar a los demás con armas cada vez más sofisticadas y letales. Ya hemos sido capaces de inventar la bomba atómica y de convertirla en el arma ideal para borrar de la superficie humana poblaciones y regiones enteras de un solo golpe.

Como Miguel Candel en su artículo "El capitalismo y la guerra" nos expone: "El ascenso vertiginoso del capitalismo a lo largo de los siglos XVIII, XIX y XX va acompañado de un ascenso no menos vertiginoso de los conflictos armados, algunos de dimensión planetaria. El desarrollo industrial de los países capitalistas dotó a éstos de una superioridad militar aplastante frente a las grandes poblaciones de Asia, África y Oceanía. Ello supuso una nueva oleada de colonización a gran escala. Lenin lo llamó IMPERIALISMO. En el siglo XX la dimensión de las guerras destinadas a ampliar o preservar ese mercado estaba en consonancia con la extensión territorial del propio mercado. Y así se inauguraron las guerras mundiales. Ningún otro medio de producción conocido ha sido tan fértil a la hora de parir guerras, y no guerras cualesquiera, sino de "devastación y exterminio".

Ya somos capaces de ocasionar en dos días más muertes que las producidas entre todas las guerras anteriores. ¡BRUTAL, PERO VERDAD!

Y la esencia o razón de ser de la Historia del HOMO SAPIENS se reduce y se explica siempre por la aplicación de las tres leyes de la naturaleza humana:
- La ley de la supervivencia, que genera egoísmo
- La ley de la fuerza
- La ley de la insatisfacción permanente

Si el ser humano bajó de los árboles hace quizás 4 o 6 millones de años, desde entonces no se ha dedicado a otra actividad que la de la explotación de la naturaleza y en especial la de los demás seres humanos. Y siempre ha aplicado las mismas reglas o, más bien, una única regla: la del egoísmo más absoluto, definido en el siguiente orden:

Primero: YO
Segundo: MI FAMILIA (la necesito para mi supervivencia)
Tercero: MI CLAN (para defenderme o atacar a otros clanes)
Cuarto: MI TRIBU (para ser más poderoso, contra otras tribus)
Quinto: MI ESTADO-NACIÓN: (más fuerte, contra otros Estados)
Sexto: MI MUNDO (no lo necesito porque no hay otro mundo)

En toda la historia humana ha habido vencedores y vencidos y si los vencedores hubieran sido otros, la historia poco hubiera cambiado, ya que las leyes de la naturaleza humana se hubiesen impuesto de la misma manera. Y hay una evidencia fundamental: todas las culturas son muy belicistas. Y muy pronto puede que sólo haya vencidos y muertos.

1.2.- Los Grandes Imperios

Vamos a repasar parte de las "hazañas guerreras" llevadas a cabo por el "poderoso" ser humano y sus consecuencias.

La ambición humana, su ambición de poder nunca ha tenido límites. Movido siempre el Homo Sapiens por obtener mayores beneficios, siempre vinculados al mayor poder posible, ha intentado a lo largo de la historia, ejerciendo la segunda ley de la naturaleza (La Ley de la Fuerza), dominar a todos los demás y ha conseguido en circunstancias históricas muy concretas alcanzar cotas de poder inmensas. Ello ha sido posible fundamentalmente a su capacidad creativa de medios armamentísticos cada más avanzados y potentes y a la aplicación de una agresividad sin límites.

Ejemplos de la aplicación directa de la tercera ley de la naturaleza (La Ley de la Insatisfacción Permanente) son los imperios. En 1914 el mundo colonizado alcanzaba 72 millones de kilómetros cuadrados, casi la mitad de la superficie terrestre, e Inglaterra poseía 36,670.000 k2. cuando la superficie terrestre, sin la Antártida y el polo norte es de 136,433.000 kilómetros cuadrados. Los Imperios son la muestra más potente de la ambición humana y de su deseo de dominación sobre los demás seres humanos.

Los 5 mayores imperios de la historia de la humanidad:

1.- Imperio colonial británico:
   36,670.000 k2.
   La expansión se inició en 1.607 en Nueva Inglaterra (USA), pero será en el siglo XIX cuando lleva a cabo su máxima expansión.
   Tras la 2ª guerra mundial Inglaterra descoloniza todas sus posesiones de ultramar salvo Gibraltar, Las Malvinas y Hong Kong, devuelta a China en 2002.

2.- Imperio Mongol:

33,150.000 k2.

Temudjin Kan desde 1196 a 1205 aniquila o somete a todas las tribus mongolas, siendo reconocido como Gengis Kan desde 1.206.

Hasta 1.283 los mongoles siguen conquistando casi todo Asia.

3.- Bloque comunista soviético:

25,600.000 k2

En 1580 Rusia inicia la invasión de Siberia y en 1917 sucede la Revolución Bolchevique.

Durante la 2ª guerra mundial Rusia ocupa el este de Europa. La Unión Rusa y el Pacto de Varsovia se disuelven en 1991.

4.- Imperio colonial español:

19,420.000 k2.

La exploración y colonización de Las Indias se inicia en 1.492.

Las colonias americanas se independizan a principios del siglo XIX y las últimas posesiones de ultramar se independizan en 1898.

5.- Imperio colonial francés:

12,706.000 k2

En 1604 los franceses se asientan en La Guayana.

Es en el siglo XIX cuando se reparte el mundo con Inglaterra.

La descolonización se lleva a cabo después de la 2ª guerra mundial.

1.3.- Las guerras por religión

1.3.1.- Las religiones son guerreras

Es triste, tremendamente triste reconocer que en la historia de la humanidad se hayan peleado, luchado y matado tantas personas en nombre de las distintas interpretaciones de los mensajes del único Dios y en nombre de creencias aparentemente distintas y con diferentes nombres, pero que solo se distinguen en las formas y nunca en el fondo. José María Gironella, en su novela "El Apocalipsis" nos dice: "La historia de la humanidad es una sucesión ininterrumpida de guerras, incluyendo la época que nos ha tocado vivir; pues bien, en el fondo de cada una de estas guerras encontrarás siempre la religión"

Aún hoy día, en el siglo XXI, un gran porcentaje de las noticias que aparecen con las palabras guerra, atentados, terrorismo, muerte y daño gratuito en prensa, TV y redes sociales, siguen estando relacionadas con la religión.

Y cuando los dioses combaten con los ejércitos, la lucha desencadenada llega hasta el genocidio. Las guerras religiosas nacieron con el invento del Dios único y desde entonces el número de guerras y la crueldad y barbarie se han recrudecido de forma exponencial.

Es una tremenda paradoja que la imagen del "DIOS ÚNICO MISERICORDIOSO" haya sido desde el siglo cuarto de nuestra era en adelante la disculpa de los más crueles enfrentamientos entre seres humanos y que hasta esas fechas no se hayan conocido guerras de religión en nuestra historia antigua.

1.3.2.- Guerras religiosas en Europa

Me permito recordar algunas guerras religiosas europeas:

A.- Año 1560

El año 1560 Europa estaba dividida por la religión entre católicos y protestantes y los príncipes y reyes determinaban la religión aceptable en sus respectivos territorios. La religión, al igual que los bienes, la vida o la muerte de sus súbditos, era "propiedad de los príncipes" y también había numerosos territorios y sus habitantes propiedad de obispos o "príncipes de la iglesia". La confesión religiosa de un individuo debía ser coincidente con la lealtad o deslealtad a su príncipe, convirtiéndose, en caso contrario, en un rebelde político.

Tanto los príncipes protestantes como los católicos, unos como los otros, eran intolerantes y hostiles más por motivos políticos de poder que religiosos, porque todos utilizaban la religión para consolidar su poder.

B.- Consolidación de doctrinas

Las confesiones en pugna fueron consolidando sus principios doctrinales, mediante la Confesión de Augsburgo en 1530 para los luteranos y el Concilio de Trento, en las décadas siguientes, para los católicos.

C.- La pequeña edad de hielo

Otra causa importante del conflicto entre religiones en Europa que contribuyó al salvajismo fue la "pequeña edad de hielo": una fluctuación natural del clima que descendió varios grados y ocasionó el aumento y gravedad de las malas cosechas y las hambrunas. Se inició en el siglo XIV y se acentuó entre 1570 y 1700, siendo el peor período entre 1600 y 1640, cuando se desató la "Guerra de los Treinta Años", la guerra religiosa más destructiva de todas.

D.- Las guerras de religión en Europa

Los conflictos religiosos se superpusieron a las crisis económicas y entre 1500 y 1700 alguna parte de Europa estuvo en guerra el 90% de su tiempo. En todo el siglo XVII solo hubo cuatro años de paz.

E.- Las guerras de religión francesas

En el siglo XVI había un rey Valois débil y dos familias nobles dominantes (los Guisa católicos y los Borbones hugonotes), tan fuertes o más que el propio rey. Los Guisa estaban apoyados por el rey de España y suponían casi el 90% de la población francesa, pero la mayoría de los comerciantes, abogados y hombres prósperos eran hugonotes. Entre 1562 y 1572 hubo luchas intermitentes entre fuerzas hugonotes y católicas y la regente Catalina de Médicis apoyaba unas veces a los católicos y otras a los hugonotes.

El rey Carlos y Catalina invitaron al príncipe Enrique de Navarra, líder de las fuerzas protestantes el 24 de agosto de 1572 a París para casarse con la hermana de Carlos, Margarita. Enrique llegó a París con 2.000 seguidores hugonotes, todos los cuales habían acordado ir desarmados. Las fuerzas católicas masacraron a los hugonotes matando más de 2.000 protestantes, y las masacres se repitieron en toda Francia con más de 20.000 muertos. Carlos de Navarra se salvó al convertirse al catolicismo, aunque al volver a Navarra volvió a liderar las fuerzas hugonotes.

La guerra se reanudó en 1576 como una guerra civil a tres bandas, que enfrentaba la Liga Católica contra el legítimo rey de Francia (ambos bandos católicos) y los hugonotes. Los tres líderes se llamaban Enrique y hubo muchos asesinatos, como los del mismo rey y del duque de Guisa. El único heredero al trono resultó ser Enrique de Navarra, ya que se había casado con un miembro de la familia real, y en 1594 fue declarado rey Enrique IV de Francia, con la condición de convertirse en católico. Se le atribuye la famosa frase: "Paris bien vale una misa"

Enrique IV en 1598 promulgó el Edicto de Nantes que oficialmente garantizó la tolerancia hacia los hugonotes, permitiendo que construyeran ciudades amuralladas con ejércitos e iglesias hugonotes, pero prohibiéndoles participar en el gobierno. Enrique IV fue asesinado por un católico fanático en 1610, pero la paz interna siguió mediante un acuerdo pragmático de tolerancia.

F.- España y los Países Bajos

Felipe II fue el más acérrimo defensor del catolicismo en Europa, mediante la inquisición dentro de España contra los moriscos y los judíos conversos y en el resto de Europa, en especial en los Países Bajos, contra los protestantes mediante la guerra directa.

Hasta 1573 las tropas de los tercios españoles dominaron la zona de los Países Bajos con facilidad, pero la vuelta del duque de Alba a España y la falta de pago de los salarios a las tropas con la necesaria regularidad, provocó que éstas se revelaran y saquearan varias ciudades leales a España como Amberes, Bruselas y Gante que alimentaron ampliamente la propia revuelta holandesa. En 1581 las provincias del norte declararon su independencia y en 1588 se organizó como república.

G.- Inglaterra

Felipe II de España se casó con la reina María de Inglaterra para intentar que ese país volviera al catolicismo. Pero a los cinco años (1558) murió María sin heredero e Isabel I se convirtió en Reina de Inglaterra y se unió a la causa anglicana.

Felipe II patrocinó una inmensa flota para invadir Inglaterra, que, por causas logísticas, mala organización, desconocimiento de los mares y costas y los fuertes temporales resultó un tremendo fracaso. Las relaciones entre ambos países no se volvieron cordiales en los siguientes cuatro siglos.

H.- La guerra de los Treinta Años

Fue el conflicto más devastador de la historia europea y provocó una reducción de entre el 20% y el 40% de la población de los territorios alemanes, los actos de violencia más horrendos y el mayor sufrimiento entre soldados y civiles. Enfrentaron a los Habsburgo católicos con los príncipes protestantes alemanes, al rey danés Cristian IV y al rey sueco Gustavo Adolfo.

Entre 1620 y 1629 las fuerzas católicas obtuvieron importantes victorias, conquistando Bohemia, de la que huyeron más de 100.000 habitantes. En 1625 el rey danés entró en la guerra, pero sus ejércitos fueron masacrados por los católicos. En 1629 se exigió a los príncipes protestantes la devolución de las tierras y propiedades anteriores de la Iglesia Católica, que durante 80 años habían sido ocupadas por los protestantes, lo que resultó muy perturbador.

En 1630 el rey francés católico, temeroso del poder español, por medio de su ministro el cardenal Richelieu apoyó financieramente a los suecos y el rey Gustavo Adolfo desembarcó en Alemania obteniendo una importante victoria en 1631, aunque murió en 1632 en batalla, dejando la guerra en punto muerto. En 1635 los franceses entraron en guerra a favor de la causa protestante y la guerra siguió hasta 1648 terminando con el Tratado de Westfalia.

El precio de la guerra:

- La población del imperio austríaco se redujo en 8 millones de personas
- Regiones enteras quedaron despobladas y enormes tierras agrícolas estériles.
- El desastre económico no se pudo recuperar hasta el siguiente siglo.
- El poder austríaco quedó arruinado y muy debilitado.

En términos de mapa religioso del Imperio hubo un cambio importante: el catolicismo se benefició del éxito temprano de los Habsburgo. Mientras que en 1590 aproximadamente la mitad de Europa occidental y central era protestante, solo una quinta parte lo era en 1690.

1.4.- Sobre las guerras civiles

Si la guerra en sí es consustancial a la historia humana y tremendamente cruel, la guerra entre hermanos y conocidos, es decir, la guerra civil, es aún mucho más cruel, ya que convierte el amor en odio, el cariño en rabia y las relaciones de amistad, compañerismo y respeto en venganza, robo, maldad, resentimiento y en daño deseado para quienes hace no mucho se respetaba y estimaba.

Le entiendo a Martín Abrisketa cuando nos habla en su novela "La lengua de los secretos" de la más cruel de las guerras, la guerra civil española entre hermanos y antiguos amigos, donde lo más normal fue que el egoísmo, el odio y la agresividad destruyeran cualquier atisbo de bondad y confianza en el ser humano. Estas son sus palabras: "Si todavía había alguien que creyera que la bondad podía sobrevivir a una guerra civil, aquel día perdió la fe, la confianza en el ser humano."

En España, los diez o quince años posteriores al fin de la guerra civil fueron los años de la venganza, que también ha sido denominada como "guerra incivil", en la que las tendencias innatas latentes en las fuerzas vencedoras de la contienda aprovecharon la circunstancia tan especial de la impunidad para:

- Abusar descaradamente de los vencidos
- Robar propiedades ajenas
- Llevar a cabo acciones que, sabiendo perjudiciales para terceros, podían generar cualquier tipo de beneficio
- Aprovecharse, en suma, de la debilidad ajena sin reparo alguno

Y sus consecuencias negativas permanecen hasta que las generaciones que han luchado desaparecen. En España, después de más de 80 años desde que terminara su cruel Guerra Civil, los rescoldos de odios, rencores y resentimientos siguen enquistados en muchas familias y muchos enfrentamientos y humillaciones han dejado una huella indeleble.

1.4.1.- La Guerra Civil en Estados Unidos (1861 - 1865)

1.- Participantes

De los 34 Estados existentes en febrero de 1861 siete Estados esclavistas declararon la secesión de los Estados Unidos para formar los "Estados Confederados de América". Sus miembros crecieron hasta once, pero nunca fueron reconocidos por el Gobierno de Estados Unidos ni por ningún otro país en el mundo.

2.- Transcurso de la guerra

La guerra se inició en abril de 1861 cuando las fuerzas de la Confederación atacaron Fort Summer en Carolina del Sur, poco después de que Lincoln asumiera su cargo de presidente.

En cuatro años y más de 10.000 enfrentamientos militares, hubo entre 620.000 y 750.000 soldados muertos (unos 200.000 en combate y el resto por enfermedades y falta de los debidos cuidados) en una guerra en la que participaron 2,400.000 soldados del Norte y entre 750.000 y 1,250.000 soldados de la Confederación.

La Unión, nombre dado al gobierno de Lincoln, puso en marcha el Plan Anaconda, un bloqueo naval y fluvial a través del Océano Atlántico, el río Misisipi y el río Tennessee. El Sur no disponía de barcos y tuvo que improvisar una armada con buques mercantes artillados y barcos de guerra capturados al Norte. La batalla naval concluyó en empate, pero se mantuvo el bloqueo. En julio 1983, en la batalla de Gettysburg, la más importante de la guerra, la Unión vence a los confederados. El ejército confederado era muy inferior y menguó por las deserciones y bajas. Las fuerzas de Grant vencieron en la decisiva batalla de Five Forks el 1 de abril de 1865 y el general LEE se rindió el 9 de abril.

Abraham Lincoln fue asesinado de un disparo en la cabeza el 14.04.1865 por un simpatizante del sur.

La Guerra Civil Americana fue una de las primeras guerras industriales con el uso de ferrocarriles, telégrafo, buques de vapor y de hierro y armas producidas en masa movilizando astilleros, fábricas civiles, minas, transporte etc.

3.- Causas

Siempre se ha hablado del esclavismo como causa principal, aunque esta fuera la causa de la tensión política en la década de 1850 entre el Sur y el Norte. La propia Constitución admitió la existencia de Estados esclavistas y Estados "libres" y otorgó al gobierno federal el poder de aprehender esclavos fugados a los Estados libres.

Abraham Lincoln en un discurso de 1858 expresó su deseo de detener la expansión de la esclavitud y en su discurso inaugural como presidente, el 4.03.1861, se expresó con estas palabras: "No tengo ningún propósito, directa o indirectamente, de interferir con la institución de la esclavitud en los Estados Unidos donde existe. Creo que no tengo derecho legal a hacerlo y no tengo ninguna inclinación a hacerlo". La propia Corte Suprema afirmó en 1857 que "los esclavos negros eran tan inferiores que no tenían derechos que el hombre blanco debiese respetar"

Incluso muchos confederados alegaron que el motivo principal de la secesión fue precisamente el de defender los "derechos de los Estados", es decir, su autonomía legislativa, no el de defender la esclavitud.

Otros alegan que las diferencias entre las dos economías (industrial y avanzada la del Norte y rural y retrasada la del Sur) pesó mucho al optar los segundos por la separación en la creencia de que serían apoyados por los países europeos dependientes de su algodón. Así pues, la esclavitud no era para ellos la verdadera causa del problema existente entre las regiones, ya que el propio presidente Abraham Lincoln había prometido garantizar el mantenimiento del esclavismo en los Estados donde estaba normalizado.

La causa fue la economía. El Sur vendía su algodón y su azúcar a Inglaterra y Europa y compraba productos manufacturados allí, en vez de hacerlo al Norte, que era una zona industrial. El Sur no necesitaba al resto de los Estados Unidos de América. Esta es la herida que supuraba, a pesar de los discursos de Lincoln en contra de la esclavitud.

4.- Consecuencias

La mayor parte de la guerra se llevó a cabo en el sur y sus infraestructuras fueron destruidas. La guerra provocó entre 620.000 y 750.000 fallecidos.

La esclavitud acabó en los Estados Unidos en la primavera de 1865, cuando los ejércitos confederados fueron rindiéndose. Todos los esclavos de Confederación (más de 4 millones) fueron liberados en diciembre de ese año gracias a la Decimotercera Enmienda. Pero habrían de pasar muchos años para una liberación verdadera.

Entre 1865 y 1876 la reconstrucción no fue fácil, pero había gran interés en el Gobierno por sanar las heridas de la guerra. Las 13ª, 14ª y 15ª Enmiendas abolieron las restricciones raciales, aunque solamente en teoría. Los políticos del Sur pusieron en marcha leyes "Separados pero Iguales", estableciendo la segregación racial en todas las instalaciones públicas, incluidos los vagones de los trenes y los autobuses.

Nace el Movimiento por los Derechos Civiles de los negros en la década de 1950 y en 1955 es detenida la mujer negra Rosa Park por no ceder su asiento de autobús a una persona blanca en Montgomery. El caso llegó hasta la Corte Suprema que acabó declarando inconstitucional la ley que exigía la segregación en los autobuses. La Ley de derecho de voto para los negros llegaría en 1965.

1.4.2.- La Guerra Civil Española y el franquismo (1936 – 1975)

1.- La situación previa (1923 – 1936)

1.1.- Dictadura de Primo de Rivera (1923 – 1930)

El 13.09.1923 el capitán general de Cataluña, Miguel Primo de Rivera se subleva contra el gobierno con el apoyo de la mayoría de las unidades militares. La grave crisis del sistema monárquico, incapaz de adaptarse al mundo surgido de la revolución industrial, un papel no reconocido a la burguesía creciente, tensiones nacionalistas y unos partidos políticos tradicionales y anticuados permitieron esta dictadura.

1.2.- Dictablanda del general Berenguer (1930 – 1931)

La crisis económica de 1927, agravada el año 1929 por la crisis financiera mundial y la falta de sintonía entre el dictador y la burguesía generan el Pacto de San Sebastián de agosto de 1930, pero la renovación del gobierno no hace sino alargar la decadencia económica y social hasta las municipales de 1931, proclamándose la segunda república el 14 de abril.

1.3.- La Segunda República (1931 – 1936)

La descomposición interna del régimen político, la atomización de bandos, el alza de movimientos subversivos desde las juntas militares, el pistolerismo a sueldo y los comités revolucionarios, provocaron un inmenso descontento de la población. Juan Eslava Galán en su ensayo "Historia de España" nos comenta: "La izquierda en el poder arremetió contra la iglesia y el ejército, a los que consideraba, no sin razón, sus enemigos naturales".

La secreta aspiración de la República era librar a la sociedad de la influencia de la Iglesia, pero forzaron tanto el motor que lo quemaron. Concedieron prioridad a la disolución de las órdenes religiosas, permitieron el matrimonio civil y el divorcio, planearon arrebatar a medio plazo la educación de los jóvenes a la Iglesia, toleraron la quema de iglesias y conventos por grupos incontrolados, etc. Y la sociedad cada vez más politizada se hallaba dividida en dos bandos cada vez más intransigentes. Y la Iglesia extendió su manto para dar cobijo a la derecha descontenta y aglutinarla en una fuerza única y coherente que repeliera los desmanes de la izquierda.

En la España de los años 30 del siglo XX el ambiente social y político era tan explosivo como en el resto del continente europeo. Los partidarios de los movimientos comunistas, anarquistas y socialistas se encontraban totalmente enfrentados con los partidarios de la derecha. Los asesinatos políticos y los asaltos a sedes del adversario estaban normalizados en un ambiente demasiado hostil para poder llegar a entendimientos o acuerdos entre unos y otros.

Y a principios de la década de los años 30, la izquierda ganó las elecciones. Esta izquierda en el poder arremetió contra la iglesia y el ejército. La época previa a la Guerra Civil en España podría considerarse como "prerrevolucionaria" en un sentido amplio. Tanto por un extremo político como por el otro la crispación y el exceso de agresividad eran patentes en la calle y la situación económica y social estaba llena de incertidumbre. La sociedad, cada vez más politizada, se hallaba dividida en dos bandos cada vez más intransigentes. Jóvenes falangistas se peleaban en las calles con grupos comunistas y socialistas y el 17 de Julio de 1936 de armó la marimorena.

2.- Desarrollo de la Guerra Civil (1936 – 1939)

2.1.- Desarrollo de la guerra

El 17.07.1936 el general Francisco Franco dirigió el ejército español de África hacia la península, mientras que otro ejército desde el norte, al mando del general Mola, se trasladó hacia el sur. Franco tenía la intención de hacerse con el poder de inmediato, pero la fuerte resistencia de los republicanos en lugares como Madrid, Barcelona, Valencia,

Málaga y el País Vasco provocó el inicio de una guerra civil fratricida, cruel y prolongada.

El alzamiento de los militares liderados por Franco fue respaldado inmediatamente por los países con regímenes fascistas, como Italia y Alemania y por la Iglesia Católica, mientras las naciones "burguesas o democráticas" se dedicaban a observar lo que pasaba sin participación ni apoyo alguno al gobierno de izquierdas democráticamente elegido.

Los republicanos fueron apoyados, en mucho menor grado, por la URSS, México y las Brigadas Internacionales de voluntarios de muchos países, formadas por anarquistas, socialistas, comunistas y demócratas. El asedio del Alcázar de Toledo en los comienzos de la guerra y la defensa férrea de Madrid supusieron un punto de inflexión que alargó la contienda. Entonces las fuerzas franquistas iniciaron la conquista del norte y de Aragón (1937)

El bombardeo de Gernika supuso el primer ataque aéreo a una ciudad, que luego se repetiría en Madrid y. sobre todo, de manera intensiva, en la Segunda Guerra Mundial. La batalla del Ebro entre julio y noviembre de 1938 fue el último intento republicano de cambiar el curso de la guerra. Barcelona cayó a principios de 1939 decidiendo el fin cercano. Los restantes frentes republicanos se derrumbaron y Madrid fue tomada en marzo de 1939.

2.2.- Una posguerra cruel y despiadada

Como todas las guerras civiles, el exterminio del enemigo se consideró como una norma de juego plenamente aceptada. Hubo asesinatos y fusilamientos sumarios de civiles y prisioneros por ambos bandos. La diferencia en los medios armamentísticos y el apoyo decidido de los regímenes fascistas de Alemania e Italia pronto hizo posible que Franco iniciara una ofensiva militar formidable que terminó por ahogar las defensas del régimen republicano. Se estima que las víctimas en vidas humanas pudieron acercarse al millón de personas, muchas de ellas en los años posteriores al fin de la contienda, siguiendo la lógica del aniquilamiento y la eliminación directa.

La iglesia católica se alió con la extrema derecha franquista buscando el mantenimiento de sus prerrogativas y la obtención de nuevos privilegios. Y le resultó muy rentable su sumisión a un régimen totalitario al que bendijo, aunque fuera directamente responsable del asesinato de cientos de miles de personas con opinión diferente o simplemente no afectas.

Cientos de miles de republicanos fueron represaliados o encarcelados en campos de concentración y muchos más se exiliaron. Más de 400.000 presos políticos fueron utilizados como mano de obra esclava. La guerra y los largos años de posguerra abrieron una brecha social que en el siglo XXI sigue aún abierta.

3.- El franquismo

3.1.- Las bases del régimen franquista

Las bases del régimen franquista, como en el nazismo y el fascismo, fueron:

- El autoritarismo: el sistema político se basó en una dictadura del partido único, el Movimiento Nacional, que intentó dominar todos los aspectos de la vida política y social.

- El nacional-catolicismo: los obispos llegaron a controlar el Ministerio de Educación, pero siempre en absoluta armonía con el poder franquista que los utilizó para mantener a la "plebe" en una incultura democrática absoluta y una visión del mundo tergiversada por normas pseudo-religiosas.

- El Anticomunismo: con una oposición ideológica total a cuantos movimientos reivindicativos de izquierda pudieran surgir.

- El nacionalismo: se aplicó a rajatabla el concepto de unidad nacional, la prohibición y persecución de grupos independentistas, la prohibición del catalán, gallego y euskera en la educación y la intervención de las instituciones locales con personas afines al régimen

La guerra civil se acabó en 1939 pero se inició ese mismo día lo que defino como la "guerra incivil" entre:

- Los ganadores y todos los que se sumaron a ese bando cuando lo vieron vencedor por un lado y

- Los que perdieron la guerra y los derechos humanos, ya que se convirtieron en "sombras" que tuvieron que soportar el desprecio y el absoluto clasismo de los vencedores.

3.2.- La labor de la Iglesia durante el franquismo

Tanto en el aspecto educacional, totalmente controlado por los religiosos, como en el conjunto de relaciones, el clasismo y diferenciación social entre los "afectos al régimen" y los "rojos y republicanos", marcados a fuego desde la guardia civil y los poderes públicos, incluyendo los más pequeños ayuntamientos, persistieron durante más de 35 años de régimen franquista.

La Iglesia Católica se aprovechó y se enriqueció durante esta época de forma absolutamente interesada y sin oposición, mientras se esforzaba en mantener a la mayoría de la población sujeta a cultos anticuados, bulas pagadas y sermones amenazantes que impulsaban a la aceptación ciega del régimen y de sus normas. Los obispos visitaban los pueblos en coches Mercedes y ponían bajo palio a Franco.

3.3.- Los años 40

Los años 40 fueron para gran parte de la población de hambre y miedo, de silencios y humillaciones, pero sobrevivimos. Como nos lo expone Salvador Pániker, la atmósfera general era de evasión: no destacar, no molestar, no definirse. Era simplemente una cuestión de supervivencia, de aguante, de silencio, de seguir viviendo.

Carlos Ruiz Zafón, en su novela "El laberinto de los espíritus" nos define el ambiente social de los años posteriores a la guerra civil española con las siguientes palabras: "Se asesina y encarcela a escala industrial, se ha levantado la veda a la venganza y la revancha, el aniquilar al adversario, esa gran vocación nacional; los nuevos y flamantes cruzados del régimen salen de debajo de las piedras y corren a tomar posiciones en el nuevo orden de las cosas para escalar en la nueva sociedad. Muchos de ellos han atravesado las líneas y cambiado de bando una o varias veces por conveniencia o interés. Nadie que haya vivido esta guerra con los ojos abiertos, puede volver a creer que las personas somos mejores que cualquier otro animal".

También Eduardo Mendoza nos expone en su novela "La ciudad de los prodigios" una realidad social muy peculiar y muy española en los tiempos de la España franquista: "El grupo formado por los aristócratas, terratenientes, el clero y algunos elementos del ejército ejercían sobre la vida política y social una influencia decisiva de carácter inverso: no intervenían en nada, salvo para impedir que se produjeran cambios, toda innovación, aunque coincidiera con sus intereses, les horrorizaba. Para ellos el orden era algo natural y todo desorden era por necesidad externo al sistema y había que ser eliminado por el método que fuera".

3.4.- Años 50

Para sobresalir en la España de Franco había que olvidarse de principios morales y afiliarse, de una u otra forma, al sistema, es decir, los que sobrevivían e incluso "hacían carrera" era quienes tenían prioridades y no principios. Había también dos estilos de aceptación de una situación de dominio inamovible, de control por parte de quienes habían asumido el poder con mano de hierro: los acólitos, como nos lo expone Ruiz Zafón, infestaban todos los estamentos del régimen y se multiplicaban como verrugas purulentas al abrigo de banderas y proclamas y los mercenarios guardaban silencio y se limitaban a hacer funcionar la máquina del sistema.

Como nos lo explica Salvador Pániker, la educación estaba orientada a adormecer la curiosidad, ninguna educación real, ningún sentido crítico. Estudiar no era un placer sino una penalización. Sólo contaba aprobar los exámenes y estudiar lo mínimo posible. Nos reíamos de los curas, pero no de la religión. Allí lo único importante era el negocio de la salvación del alma. Dios era el monarca absoluto, los sacerdotes sus ministros y los alumnos sus súbditos. Pero el contexto social no se discutía. Detestábamos el Régimen de Franco, pero nos habíamos acostumbrado a soportarlo: éramos jóvenes y desinformados.

El afamado Plan de Estabilización de 1959 devaluó la moneda haciéndola parcialmente convertible y reconoció la conveniencia de la emigración porque en la España de los 50 el campo estaba arruinado y la industria todavía no había iniciado el desarrollismo de los 60. Pero ya se notaba el inicio del turismo de masas europeas hacia la España costera y la autarquía económica de un país aislado se estaba acabando.

El equipo de Ullastres y Navarro Rubio supo coger a tiempo el tren económico de la historia. Tienen razón quienes sostienen que las bases de la transición a la democracia se pusieron, en España, en 1959. No se puede negar la influencia decisiva de algunos hombres del OPUS en este proceso que hizo posible la transición hacia la monarquía parlamentaria.

3.5.- Años 1960 hasta 1975

En los años 60 el crecimiento económico en España superaba el 9% anual y con el crecimiento de las fábricas y el férreo control policial sobre todo lo que se moviese, lo peor de esta época del franquismo era que empujaba a las gentes a la simplificación: o eras franquista o eras marxista, no había término medio.

En este contexto se entiende la aparición de un grupo juvenil en el País Vasco que con un extraño nombre (ETA) inició pequeños conatos de rebelión contra el estatus establecido.

Jamás hablábamos de política en la cuadrilla de amigos en los años 60 del siglo XX. En el fondo, todos desconfiábamos y preferíamos compartir los momentos felices de juventud, soslayando siempre temas conflictivos, es decir, los relacionados con el mundo político y social.

El 99% de los jóvenes parecía "indiferente" o, al menos, vivía sin querer pensar, sin querer opinar sobre la dictadura, dedicándose a estudiar y/o trabajar sin siquiera plantearse, al menos en público, preguntas inconvenientes. Era más cómodo y útil mirar hacia otro lado, ponerse de perfil.

Los tímidos intentos de protestas estudiantiles y las pocas huelgas de índole política y antifranquista eran perseguidas con saña por los "policías secretos" y la propia guardia civil, que dejó una impronta muy difícil de olvidar entre los jóvenes del País Vasco de aquella época.

1.5.- La Primera Guerra Mundial

Se calcula que solamente entre las dos guerras mundiales hubo más de 80 millones de víctimas humanas.

1.5.1.- El Imperio alemán (1871-1918) II Reich: Preguerra

Prusia se convirtió en Alemania bajo el liderazgo del canciller Otto von Bismarck, quien fue el verdadero artífice de su unificación. Se inicia un período de gran desarrollo en todos los campos: economía, política y milicia y se transforma en gran potencia mundial. El poder industrial y económico alemán había crecido para igualar a Gran Bretaña al iniciar el siglo XX. Sus principales políticas internas se centraron en la supresión del socialismo y la reducción de la fuerte influencia de la Iglesia Católica en sus fieles. Emitió una serie de leyes que incluían:

- Atención médica universal
- Escolarización obligatoria
- Planes de pensiones para la vejez y
- Otros programas de seguridad social

Bismarck convocó entre 1884 y 1885 la conferencia de Berlin en la que las potencias fijaron las pautas para el reparto colonial de África. Con la coronación de Guillermo II en 1888, se inició un enfrentamiento entre el estado y Bismarck, que terminó en su destitución en 1890. El emperador fue incapaz de continuar con las políticas implantadas por Bismarck y Alemania se vio poco a poco en la incapacidad de mantener el equilibrio europeo. El kaiser se empeñó en fomentar una peligrosa carrera armamentística naval con Gran Bretaña.

1.5.2.- Primera Guerra Mundial

Alemania forjó en 1882 la Triple Alianza con Austria e Italia y Bulgaria se les unió en 1915. Francia formó en 1907 la "Entente Cordiale" con el Reino Unido y tras un acuerdo militar con Rusia se creó la "Triple Entente" , a las que se juntaron Japón en agosto de 1914, Rumanía en 1916 y USA en 1917. Pero en adelante serían llamados los "imperios centrales " y "los aliados". Italia se había declarado neutral al inicio de la Primera Guerra y en 1915 se unió a la Entente.

El detonante de la guerra fue el asesinato del heredero del Imperio Austro-húngaro por un nacionalista serbio el 28.06.1914. Austria-Hungría lanzó un ultimátum a Serbia y sin que Guillermo II lo supiera, los ministros y generales austro-húngaros ya habían convencido a Francisco José de Austria , de 84 años, que firmara una declaración de guerra contra Serbia. Ello activó las alianzas y se inició la Primera Guerra Mundial. El 31.07.14 Alemania envió un ultimátum a Rusia para que parase la movilización y otro a Francia para que no apoyase a Rusia.

El presidente de Francia declaró la guerra a Alemania en agosto de 1914. Alemania desplazó sus tropas a Bélgica y el Reino Unido, garante de la independencia de Bélgica, declaró la guerra a Alemania.

En las primeras confrontaciones las tropas francesas fueron derrotadas estrepitosamente en las batallas de Mulhouse, Lorena, Charleroi y las Ardenas con grandes pérdidas humanas. Se calcula que el 22 de agosto de 1914 más de 27.000 franceses murieron en las Ardenas belgas, cuatro veces más que en Waterloo con Napoleón.

Los alemanes avanzaron con rapidez en Francia y llegaron a 65 kilómetros de Paris. El gobierno se trasladó a Burdeos. El avance alemán se frenó en la primera batalla del Marne (septiembre 2014) y se estancó entre 1915 y 1917 entre las fronteras del mar del Norte y Suiza, con el uso intensivo de artillería, alambres de púas, aviones de guerra y armas químicas. Las guerras de trincheras duraron entre septiembre de 1914 y marzo de 1918.

La entrada de EEUU en la guerra en octubre de 1917 alivió a las tropas francesas y rompió el equilibrio entre las fuerzas enfrentadas. Tras derrotar a Rusia en 1917, Alemania centró sus fuerzas en Francia acercándose a París, que fue bombardeada con artillería a larga distancia y con dirigibles, pero fue derrotada en la segunda batalla del Marne (junio-agosto 1918) firmando el Armisticio el 11.11.1918.

De los aproximadamente 70 millones de soldados que participaron en esta Primera Guerra Mundial, se calcula que hubo unos 10 millones de muertos, otros 8 millones de desaparecidos y cerca de 20 millones de heridos de distinta gravedad. Aquí no se incluyen los millones de civiles fallecidos y, en todo caso, fue la mayor sangría de la humanidad hasta esa fecha,

1.5.3.- Consecuencias de la guerra

A.- El Tratado de Versalles

El Tratado de Versalles fue firmado el 28.06.1919 con duras condiciones para Alemania en reparaciones de guerra, siendo una de las más importantes y controvertidas la que estipulaba que las Potencias Centrales aceptasen toda la responsabilidad moral y material de haber causado la guerra. Además, Alemania debía desarmarse. Francia ocupó Camerún, Togo, Siria y Líbano. Alemania se demoró en el pago de las indemnizaciones y Francia ocupó parte de Alemania temporalmente y ante una potencial invasión futura constituyó un sistema defensivo denominado Línea Maginot.

B.- Ideologías antagónicas del período de entreguerras

Crecen dos ideologías antagónicas: el fascismo y el comunismo que tienen en común la búsqueda del orden dentro de Estados caóticos. La insatisfacción germinó en democracias débiles que habían perdido entre el 30% y el 40% de su potencial industrial.

C.- Consecuencias genéricas de la 1ª Guerra Mundial:

1.- Fortalecimiento de Estados Unidos, que fue el único vencedor, convirtiéndose en el nuevo actor del escenario mundial, mientras que en Europa hubo vencedores militares, pero no políticos y menos económicos, ya que los países europeos se convirtieron en los grandes deudores del gigante norteamericano, y sabiendo la dificultad que suponía saldar su deuda con EEUU y al mismo tiempo rehacer sus propios territorios, pasaron el problema a la Alemania derrotada. EEUU a finales de 1918 era un país sobrefinanciado y dueño del 42% de los recursos industriales del planeta.

2.- En Rusia vence la Revolución bolchevique, creándose el primer país del mundo bajo el régimen comunista.

3.- Otra consecuencia de la primera gran guerra fue la desaparición de los imperios austro-húngaro, turco y alemán.

4.- Inicio de la Sociedad de las Naciones para mediar en casos de agresión entre países o la violación de los Tratados.

5.- Fin de las monarquías absolutas

6.- Desarrollo de nuevas armas de destrucción masiva

7.- Emancipación de la mujer: Una consecuencia positiva de la guerra, gracias a los millones de hombres que fueron a la misma y a los muchos de entre ellos que no volvieron o resultaron incapacitados por las heridas recibidas, fue que los países litigantes se vieron obligados a dar paso al empleo femenino para mantener sus economías y el esfuerzo de la guerra.

Al final de la guerra el empleo femenino siguió siendo necesario por la falta de mano de obra masculina, con lo que , de alguna forma, la guerra ayudó al empoderamiento de la mujer. Las reivindicaciones de las sufragistas fueron progresivamente atendidas y para 1919 el sufragio femenino era un fenómeno en vías de normalización.

La quinta parte de los soldados británicos se vieron afectados por trastornos de la guerra.

D.- Consecuencias del Tratado de Versalles para Alemania

1.- Si en 1914 Alemania era un imperio prestigiado y poderoso, el 9 de noviembre de 1918 se despertó como República, con el kaiser Guillermo II abdicado y huido y con su territorio fraccionado.

2.- Exigencias del Tratado de Versalles a Alemania

    2.1.-La aceptación oficial por Alemania de la responsabilidad de haber comenzado la guerra

    2.2.- La pérdida de todo su imperio colonial

    2.3.- El pago de enormes reparaciones económicas

    2.4.- La reducción de su territorio que significó la entrega de:

- Alsacia-Lorena a Francia´
- Eupen y Malmedy a Bélgica
- El norte de Scheleswig a Dinamarca
- Prusia occidental y Silesia a Polonia
- Hultschin a Checoeslovaquia
- Una franja junto al Báltico a Lituania
- La región industrial del Saar quedó administrada por 15 años por otros países.
- Danzig se convirtió en una ciudad libre, etc.

Alemania perdió un 13% de territorio y entre 6 y 7 millones de habitantes

3.- Los países europeos vencedores optaron por el camino más fácil y equivocado: imponer una multa imposible de pagar a Alemania: 296.000 millones de marcos-oro de 1920.Y, a pesar de beneficiarse de una quita superior al 50%, Alemania estuvo pagando esta sanción hasta 2010. La rendición de Alemania supuso, pues, la aplicación de unas sanciones económicas brutales a este país, cuya moneda se depreció más de un millón por ciento, sumiendo en la más absoluta pobreza a la inmensa mayoría de la población alemana.

Esta situación económica insoportable, unida al crack de 1929, supusieron tal humillación popular que solamente era necesaria la mínima chispa para que todo explotara. Todo el pueblo pedía a gritos seguridad ante esta situación, aunque fuera a cambio de libertad, de la que realmente también carecía, ya que la pobreza, la rabia y el resentimiento les esclavizaba aún más que cualquier tiranía. Se creó un campo para que una segunda guerra sucediera a la gran crisis económica.

4.- La limitación en el rearme: su ejército se limitaría a 100.000 hombres y se prohibió el servicio militar obligatorio. La Armada no podía pasar de 100.000 toneladas y le fue prohibida la construcción de submarinos, así como de aviones y se la obligó a llevar a cabo consejos de guerra contra el kaiser y los altos mandos militares de la guerra.

5.- La creación de la leyenda de la "Puñalada por la espalda" propagada por militares alemanes consistió en un relato del estado psicológico en el que se hallaba la población alemana tras la primera guerra: esta teoría sostenía que Alemania no había perdido la guerra por dificultades militares sino por culpa de su enemigo interior, es decir, los izquierdistas (socialistas y comunistas) y los judíos.

Todo ello se consideró, tras una adecuada propaganda, suficiente para crear un clima de humillación y venganza contra el Tratado de Versalles, considerado absolutamente abusivo. Esto unido a una salvaje inflación económica que llegó a superar el millón por cien y las pocas expectativas de superación, fue más que suficiente para que un pueblo como el alemán confiase ciegamente en cualquier "vendedor de sueños".

Y apareció un líder carismático en Alemania, capaz de aunar los movimientos de extrema derecha y extrema izquierda. El ánimo de revancha fue aprovechado por Hitler, un líder extremista que supo captar ese descontento general y dirigirlo hacia el orgullo patrio, una nueva carrera armamentista y a la consideración de una supuesta superioridad de una raza, la aria, humillada por sus vecinos.

En 1923 el partido nazi intentó deponer al gobierno de Bavaria y comenzar una revolución nacional. Hitler fue condenado a 5 años y salió al de nueve meses, que aprovechó para escribir su obra "Mein Kampf" "Mi lucha".

La Segunda Guerra Mundial estaba servida. Pero hemos de aceptar que no fue Hitler el único responsable de ella, ya que los países vencedores de la primera guerra mundial cocinaron la tarta y se la sirvieron a la mesa.

1.6.- La Segunda Guerra Mundial

1.6.1.- República de Weimar y III Reich

A.- República de Weimar

El Reich fue reemplazado por la República de Weimar, que sufrió de una constante inestabilidad política y económica debido a la fragmentación parlamentaria en partidos minoritarios y al rechazo de los militares a aceptar la derrota y los acuerdos impuestos por los vencedores. También hubo sublevaciones populares.

Se sufrió la crisis financiera de 1929 y la Gran Depresión y el crecimiento del producto interior bruto pasó del 4,4% al 0,6%, es decir, una severísima crisis económica, política y social, que se vio agravada por los grandes tributos a pagar por la guerra y la hiperinflación que arruinó a gran parte de la clase media. Así se produjo una situación propicia que facilitó el auge del Partido Nacionalista Obrero Alemán que llegó al poder en 1933 con la elección de Adolf Hitler como canciller, finalizando la primera y corta experiencia democrática de Alemania. Hitler proclamó el Tercer Reich y llevó una política expansionista que acabó en la Segunda Guerra Mundial.

B.- III Reich

Adolf Hitler había intentado un golpe de Estado en 1923 que resultó un fracaso que le llevó a la cárcel. Allí escribió su libro "Mi lucha", en el que considera que la guerra y la pobreza alemana se deben a los judíos, que explotan a las personas, dominan los periódicos y los bancos y se dedican al comercio sexual (trata de blancas).

El 27.02.1933 el Reichstag fue incendiado. Los nazis acusaron a los comunistas, tanto alemanes como extranjeros del incendio. Los principales beneficiados de este suceso fueron los propios nazis, que pudieron consolidar su poder y eliminar a los comunistas que junto a los socialdemócratas eran sus principales opositores políticos.

La palabra imperante del partido era "nacionalista". Los nazis estaban interesados en encontrar las raíces de la genealogía aria, la geomántica, los misterios y lo oculto. Y la respuesta de un pueblo alemán humillado, empobrecido y con tasas de inflación de más del mil por ciento fue de entrega absoluta al líder populista que prometía una "ALEMANIA IMPERIAL Y DOMINANTE EN EUROPA", lo que me hace recordar a un nuevo líder populista americano que promete en este año 2024 volver a la antigua "ESTADOS UNIDOS IMPERIAL Y DOMINANTE EN EL MUNDO".

Como nos lo recuerda el escritor norteamericano Anthony Doerr en su obra "La luz que no puedes ver": "¿Es acaso un milagro que la valentía, la confianza y el optimismo hayan crecido hasta llenar el corazón de los alemanes? ¿Acaso no es la llama de una nueva fe la que ha nacido en esta disposición al sacrificio? Todo es gloria, patria, competición y sacrificio. Es su obligación, su deber: cada alemán ha de cumplir con su función.

Una compañía de soldados alemanes camina solemne y con la mirada seria. Se ríen entre ellos y parecen tocados como por una especie de oro protector bajo los cascos. Le fascina su actitud, la limpia eficiencia con la que se mueven. Parecen estar dirigiéndose siempre hacia alguna parte. Algo que en Francia no sucede. Hitler: pueblo, patria: endureced vuestro cuerpo, endureced vuestra alma. La creatividad es la gasolina del Reich".

Algunos derechos democráticos fueron derogados por un decreto de emergencia. Poco después, una Ley dio al gobierno el pleno poder legislativo y ya no quedaron derechos civiles que no fueran incumplidos en función de los intereses del III Reich.

1.6.2.- Inicio de la guerra

la Segunda Guerra Mundial fue un intento de revisión y de revancha de los resultados de la 1ª Guerra Mundial. Lucharon el eje (Alemania, Italia y Japón) contra los aliados (Francia, Inglaterra, Rusia y USA) y tuvo frentes en Europa, Asia, África y Oceanía. Un historiador norteamericano especializado en Europa nos habla sobre la Segunda Guerra mundial como "Una historia de imperialismo. Lo raro es que Hitler viera otros territorios de Europa como territorio colonial".

El estallido de la Segunda Guerra mundial se produjo el 1 de septiembre de 1939. Francia y Reino Unido declararon la guerra a la Alemania nazi el 3.09.1939 en virtud del tratado firmado con Polonia, cuyo territorio había sido invadido por Alemania. Pero no hubo ataques decisivos contra Alemania y se limitaron a mantener una postura defensiva. En abril de 1940 tropas francesas y británicas acudieron en ayuda de Noruega, que también había sido invadida.

Todo cambió el 10.05.1940 con el ataque relámpago de Alemania que invadió los Países Bajos, Bélgica, Luxemburgo y la misma Francia. Un grupo del ejército alemán penetró en Francia a través de Las Ardenas hacia el Canal de la Mancha y para el 18 de mayo habían rodeado a casi un millón de tropas aliadas en el noroeste de Francia. Desde Dunkerque escaparon a Gran Bretaña 300.000 soldados aliados lo que dejaba prácticamente sola a Francia. El 14 de junio los alemanes tomaron París sin resistencia. La invasión alemana provocó un éxodo masivo de la población civil del norte de Francia y el Benelux hacia el sur del país. Ya se calculaban más de 100.000 pérdidas militares y otros tantos civiles. En poco tiempo Alemania también invadió los Balcanes, Grecia, Dinamarca, los Países Bajos en Europa, Túnez y Libia en África.

1.6.3.- Francia y Europa

En plena invasión alemana, la Asamblea Nacional Francesa votó una ley constitucional que le otorgaba plenos poderes al general Petain, quien se proclamó jefe de Estado, abolió la república e instauró el llamado régimen de Vichy. El nuevo gobierno firmó el armisticio con Alemania el 22.06.40 bajo condiciones muy duras:

- Pago de una costosa indemnización
- Un millón de prisioneros militares
- La ocupación de tres quintas partes de Francia
- Cientos de miles de franceses transferidos a Alemania a trabajar, etc.

El régimen de Vichy siguió una política autoritaria y de colaboracionismo con la Alemania nazi, si bien nunca tuvo una alianza militar formal. La legión de voluntarios franceses participó al lado de Alemania en la guerra contra la Unión Soviética. Se combatió a la oposición, se persiguió a los demás grupos políticos y se dictaron leyes contra la población judía. En noviembre de 1942 todo el territorio del régimen de Vichy fue ocupado por Alemania e Italia. Aunque el gobierno francés siguió existiendo, estuvo bajo el estricto control alemán.

1.6.4.- Limpieza étnica

Hitler aplicó severas leyes racistas asesinando a más de seis millones de judíos, gitanos, rusos, serbios, polacos y otras etnias y encerrando en campos de concentración a gitanos, deficientes mentales, homosexuales y disidentes ideológicos. Fueron desposeídos de sus bienes y utilizados como esclavos para el trabajo, hasta resultar inservibles por debilidad, enfermedad o desnutrición y entonces se les ejecutaba o se realizaban experimentos científicos con ellos. Llevaron a cabo asesinatos masivos con cámaras de gas.

1.6.5.- Invasión de la URSS

En 1939 la Unión Soviética firma el pacto Ribbentrop-Mólotov de no agresión con Alemania que incluía un protocolo para repartirse la Europa del Este y los países bálticos. Ambos países invadieron Polonia de forma conjunta y se la repartieron. Además, la URSS también invadió Finlandia y se anexionó el istmo de Karelia.

Sin embargo, en 1941 Alemania invadía la URSS (Operación Barbarroja), que sufría un colapso frente a las tropas alemanas. El desastre soviético fue inmenso en cinco meses: cuatro millones de bajas militares y los alemanes estaban a las puertas de Moscú. El 1941 Hitler cometió su mayor error al invadir la URSS y demostrar que su ejército era insuficiente para abarcar tanta extensión de terreno. Pretendía por una parte alcanzar Moscú para cortar los suministros siberianos y por otra, llegar al Mar Caspio para controlar el petróleo.

La situación cambió con la batalla de Stalingrado y, teniendo en cuenta los 200 millones de habitantes de la URSS y el desarrollo de los misiles "Katiuska", los alemanes se vieron obligados a retroceder, perdiendo en el camino de vuelta cientos de miles de soldados. Los rusos y sus aliados terminaron conquistando Bielorrusia, las repúblicas bálticas y los países del Este de Europa. Para 1945 estaban en Berlín. Tras la rendición germana, la URSS declaró la guerra a Japón invadiendo Manchuria. Pero la economía del gran imperio comunista quedó devastada y se calcula que murieron unos 20 millones de rusos entre bajas civiles y militares.

1.6.6.- Fase final de la guerra

El ingreso de EEUU en la guerra ayudó a la derrota de Alemania que firma su rendición el 8 de mayo de 1945, poco después del suicidio de Hitler. La guerra supuso un nuevo mapa político de Europa y empequeñeció a Alemania y Austria. Al igual que en la Primera Guerra Mundial, todos los países europeos salieron perdiendo otra vez y USA fue reconocida como la potencia económica, militar y política más poderosa del mundo capitalista, aunque realmente lo fuera desde mucho antes. La Segunda Guerra Mundial destrozó el centro de Europa y convenció a cuantos países habían participado en ella de que no se podía repetir otra catástrofe similar.

Durante la 2ª Guerra Mundial los psiquiatras norteamericanos hicieron significativos aportes al desarrollo de la Psiquitría Militar para facilitar una rápida recuperación de los soldados con problemas psíquicos, sin tener que enviarlos a hospitales alejados. La Marina norteamericana pasó de disponer 980 psiquiatras a 2.400 psiquiatras, 400 psicólogos clínicos, 700 asistentes psiquiátricos y 800 enfermeros psiquiátricos al final de la misma y 931 hospitales.

1.7.- La evolución de las guerras en el siglo XX

1.7.1.- Guerras del siglo XX
Las guerras más significativas (y faltan muchas) son las siguientes:

1.- En Europa
1912-13: Guerras de los Balcanes
1914.1918: Primera guerra Mundial
1917-1923: Guerra Civil Rusa
1919-1921: Guerra polaco-soviética
1936-1939: Guerra Civil Española
1939-1945: Segunda Guerra Mundial
1991-1999: Guerras yugoslavas
1992-1995: Guerra de Bosnia
1998-1999: Guerra de Kosovo

2.- En Asia
1904-1905: Guerra ruso - japonesa
1946-1954: Guerra de Indochina
1947-1948: Conflicto entre India y Pakistán
1948-1949: Guerra de independencia de Israel
1950-1953: Guerra de Corea
1955-1975: Guerra del Vietnam
1962: Guerra Chino-india
1962-1966: Confrontación indonesio-malaya
1965: Guerra indo-pakistaní
1967: Guerra de los seis días
1967-1970: Guerra del Desgaste entre Israel y Egipto
1971: Guerra indo-pakistaní
1973: Guerra de Yom Kipur
1978-1992: Guerra de Afganistán

1980-1988: Guerra entre Irán e Irak
1982: Guerra del Líbano de 1982
1985: Guerra subsidiaria irano - israelí
1983-2009: Guerra civil de Sri Lanka
1988-1994: Guerra de Alto Karabaj (entre Armenia y Azerbaiyán)
1990-1991: Guerra del Golfo (Irak)
1991-1993: Guerra civil georgiana
1992-1993: Guerra de Abjasia
1992-1997: Guerra civil tayika
1994-1996: Primera guerra chechena
1998: Operación Zorro del Desierto (Irak)
1999: Guerra de Kargil entre India y Pakistán
1999-2009: Segunda guerra chechena

3.- En América
1932-1935: Guerra del Chaco
1941-1945: Guerra peruano-ecuatoriana
1960-1996: Guerra civil de Guatemala
1960: Conflicto armado colombiano
1961: Invasión de Bahía de Cochinos
1961-1990: Revolución Sandinista
1980-1992: Guerra civil de El Salvador
1982: Guerra de las Malvinas
1983: Invasión de Granada

4.- En África
1954-1962: Guerra de Argelia
1960-1966: Crisis del Congo
1961-1974: Guerra colonial portuguesa
1963: Guerra de las Arenas entre Marruecos y Argelia
1966-1990: Guerra de la frontera de Sudáfrica
1974-1991:Guerra civil etíope
1975-2002: Guerra civil angoleña

1977-1978: Guerra de Ogadem entre Etiopía y Somalia
1988: Guerra civil somalí
1991-2002: Guerra civil de Argelia
1991: Guerra civil somalí
1993: Batalla de Mogadiscio
1996-1997: Primera guerra del Congo
1998-2003: Segunda guerra del Congo

Como hecho real y de inmensa gravedad para el devenir de la humanidad, se ha constatado que en los últimos 100 conflictos bélicos hasta el año 2007 más del 80% de las víctimas fueron civiles.

1.7.2.- Europa desde 1945

Sólo la llamada "disuasión nuclear" o "equilibrio del terror" impidió una tercera guerra mundial casi inmediata a la segunda, pero a cambio de eso la proliferación de las guerras regionales no ha cesado durante toda la segunda mitad del siglo XX y hasta ahora.

Como consecuencia de las guerras de descolonización y el colapso de los imperios coloniales, Europa se concentró en sí misma. Los tiempos en que los países europeos hacían y deshacían la política mundial habían pasado. Y se impuso la idea de que Europa solo podría desempeñar un papel mundial unida.

Europa desde 1945 ya no se parecía a la antigua: estaba dividida en dos bloques dominados por Rusia (bloque comunista) y Estados Unidos (bloque occidental). Al haber sufrido la mayor hecatombe de su historia, la población solo pensaba en alimentar sus cuerpos y sus familias y tuvo que solicitar ayudas exteriores (Plan Marshall) para rehacer su economía. Europa optó por la cooperación por primera vez en su historia y por preocuparse de sí misma dejando el resto del mundo "a otros". La necesidad generó un movimiento de apoyo mutuo del que surgió la Unión Europea entre los países más desarrollados, a la que fueron uniéndose más y más países europeos. Pero Gran Bretaña, al igual que lo ha hecho durante los últimos 500 años, entró en la Unión

Europea por necesidad y ha salido de ella cuando se ha sentido lo suficientemente fuerte como para andar sola, aunque sea con el respaldo y a la sombra de otro árbol frondoso: Estados Unidos de América. Gran Bretaña ha roto desde dentro un movimiento aglutinador de países y economías que, aún sin conseguir la mayoría de los objetivos deseados, está en un camino esperanzador y absolutamente necesario de recorrer en un mundo global como el actual, dominado por USA y China.

Ya en el 2020 hemos podido comprobar que el "Brexit" ha alcanzado el respaldo popular suficiente en Inglaterra gracias al populismo ejercido por Boris Johnson, buen discípulo de Donald Trump, y que su separación definitiva del mercado común europeo es un hecho.
Las tres leyes de la naturaleza humana siguen en pleno vigor y el egoísmo se encuentra tan presente como siempre en las decisiones de los gobiernos estatales, que aún no han comprendido que otro mundo es posible.

1.7.3.- Guerras entre 1945 y el siglo XXI

Desde 1.945 hasta finales del siglo XX se han disputado unas 140 guerras con más de 13,000.000 muertos. Pero las guerras regionales actuales, como lo expone Miguel Cardel en su ensayo "El capitalismo y la guerra", no han sido sino descaradas operaciones de derrocamiento de gobiernos incómodos con el fin de imponer regímenes favorables a los intereses del capitalismo occidental (o del comunismo soviético hasta la década de los 80 del siglo pasado). Pero ninguna de estas guerras se ha disputado en Europa, salvo la corta guerra originada por la desmembración del Estado yugoeslavo y la actual entre Ucrania y Rusia en el siglo XXI, por la necesidad de Putin de demostrar al pueblo ruso su capacidad de influencia actual en el mundo.

Los países "ricos", salvo USA, todavía demasiado conscientes de una primera mitad del siglo XX tan horrible, optaron por ver los "toros desde la barrera", mientras mueven los hilos necesarios para que las "cosas" sucedan con la máxima rentabilidad posible a sus intereses económicos siempre egoístas. Y es USA el país que, actuando al mismo tiempo como un bombero apagafuegos y un incendiario irresponsable de las consecuencias de sus actos y arrogándose el título de policía universal, ha participado en prácticamente todos los conflictos, controlando o manipulando a quienes más le convenía, con el único objetivo de obtener privilegios económicos y de contentar a las grandes empresas armamentísticas, industriales y petroleras de su país al principio y a las tecnológicas, logísticas y financieras después.

En cualquier caso, parece importar poco a los mandatarios norteamericanos las pérdidas humanas entre sus propios súbditos, ya que solo entre las guerras de Afganistán, Irak y Vietnam superaron el millón, además de otros tantos veteranos que requirieron ayuda psicológica por Trastorno por Estrés Postraumático (TEPT).

1.8.- La evolución de las guerras en el siglo XXI

1.8.1.- Guerras del Siglo XXI

1.- En Europa
2014: Guerra civil en Ucrania
2022: Invasión rusa de Ucrania

2.- En Asia
2001-2021: Guerra de Afganistán
2003-2011: Guerra de Irak
2006: Guerra del Líbano
2011: Guerra del Líbano
2.023: Guerra Israel -Gaza-Líbano
Y muchas guerras menores y subsidiarias en Osetia del Sur, Irak, Cáucaso, Siria, Alto del Golán, franja de Gaza, Yemen, Filipinas, Bangladesh, etc.

3.- En América
2022: guerra contra las pandillas en El Salvador y otros.

4.- En África
2011, 2014 y actualidad: Guerras en Libia
2012: Guerra civil en República Centroafricana
2014: insurgencia islamista en Nigeria
2017: insurgencia islamista al norte de Mozambique
Y guerras menores en Mali, Sudán y otros países.

1.8.2.- Consecuencias de la guerra de Irak

Un gran porcentaje de los soldados estadounidenses que regresaron de Irak requirieron terapia psicológica, entre el 15,6% y el 17,1% sufrieron estrés postraumático, con dolencias, depresión clínica o angustias graves, y otro 35% recibieron atenciones de salud mental durante el primer año desde el regreso. El 7% de los soldados fueron evacuados del frente por trastornos mentales.

El 12% de los 220.000 marines estadounidenses también tuvieron trastornos mentales y el índice de suicidios fue de 17,3 por cada 100.000 soldados. La guerra de Irak ha dejado incidencia de TEPT en más de 100.000 soldados norteamericanos, aunque sus soldados muertos hayan sido solo 1.299 y 5.229 los heridos.

El llamado síndrome del sobreviviente de la guerra se ha vuelto mucho más común en esta ocasión y se define como: "indefensión ante las vivencias de angustia y temor que se reiteran en los sueños y el recuerdo, sentimientos de culpa por sobrevivir, de fracaso vital, de desesperanza, de reticencia a las relaciones humanas y una actitud básica de desconfianza".

Los secuestros y ataques sexuales llegaron a ser tan comunes en esta guerra que cada mujer temía ser la próxima víctima. Las mujeres desaparecieron de las calles y en las zonas dominadas por los chiitas a las mujeres les presionaron para cubrirse la cabeza, a dejar el trabajo, a vestir como "mujeres". Los asesinatos en defensa del honor se incrementaron, sin temor a condena alguna para los hombres.

1.8.3.- El carácter cambiante de la guerra

El equipo de investigación "Changing Character of War" (CCW) ó (SST) ha elaborado este informe:

1.- Después de los ataques terroristas de las Torres Gemelas de Nueva York del 11.09.2001

Se afirmó que la guerra había cambiado y se especuló con que tal vez la guerra misma había quedado obsoleta. Las guerras "convencionales" al parecer eran cosa del pasado y el futuro parecía estar dominado por actos de terrorismo o insurgencia. Durante los primeros 20 años del siglo XXI hubo una persecución de terroristas e intentos de estabilizar los Estados mediante la intervención militar directa con las fuerzas de la coalición occidental adoptando métodos de contrainsurgencia. Las distintas intervenciones militares norteamericanas parecían suficientes y justicieras, sin que los demás países apenas hicieran declaraciones de protesta.

2.- La anexión ilegal de Crimea por Rusia en 2014

Junto con la toma y fortificación de atolones en el mar de China Meridional por parte de China, cambiaron el fondo y la forma de la visión militar. Y cuando Rusia invadió Ucrania en 2022, esperando la rápida caída de Kiev, quedó claro que la guerra entre Estados había regresado.

3.- La naturaleza de la guerra del XXI no cambia en esencia

La CCW identifica nuevos actores, contextos, tecnologías, impulsores y dinámicas y también algunas características predominantes de las nuevas guerras: existen cambios organizativos, nuevas iniciativas en la educación militar profesional, nuevas ideas sobre las cadenas de suministros, adquisiciones y liderazgos estratégicos. También hay un rápido desarrollo de nuevas tecnologías, desde la hipersónica y las plataformas espaciales militarizadas hasta los sistemas autónomos, pasando por el uso del espectro electromagnético y el desarrollo de la IA. Las guerras siguen siendo igual de injustas y crueles y aunque cambian las formas y se vuelven más "lejanas" porque pueden ser teledirigidas y mucho más nocivas, su esencia y su sentido se mantiene y su crecimiento pone cada vez más en peligro a toda la civilización humana.

1.8.4.- Las guerras en 2024

La invasión rusa a Ucrania podemos considerarlo el primer enfrentamiento bélico a gran escala entre el nacional - populismo y la democracia, los dos grandes proyectos políticos que parecen disputarse el mundo en nuestro tiempo.

Según Miguel Candel en su ensayo "El capitalismo y la guerra": "En las guerras actuales en lugar de dejar que el Estado combata las crisis periódicas del sistema capitalista con gasto público destinado a prestaciones sociales, resulta mucho más beneficioso para el sistema concentrar ese gasto en la compra por el Estado de sofisticados y carísimos sistemas de armamento producidas por grandes empresas privadas con buenos contactos con la administración".

Este año 2024 tenemos en marcha unos 40 conflictos o guerras en el mundo, aunque realmente de alcance mundial solo son dos: la de Ucrania y la de Gaza. La invasión de la Rusia de Putin a Ucrania ha supuesto un cambio radical en los planteamientos militares y comerciales de todos los países europeos. Su ya larga duración, casi tres años a finales de 2024, y las innovaciones e incremento de armamentos están obligando a reconsiderar el presente y el futuro de los planteamientos militares a nivel mundial.

Como nos lo expone Andrea Rizzi, es una medicina de sabor amargo, pero es necesaria: hay que acelerar el incremento del gasto militar en la Unión Europea para garantizar nuestra seguridad. Es posible que Putin termine con alguna clase de éxito estratégico en Ucrania ya que Trump no está dispuesto a sostener Ucrania y el compromiso de Trump con la OTAN es dudoso. Necesitamos mayores capacidades para disuadir a eventuales agresores e incluso evitar el colapso total de Kiev.

1.8.5.- La guerra entre Rusia y Ucrania

A.- Primera fase de la guerra en 2014

Los soldados rusos que se desplegaron en Crimea viajaban en vehículos sin distintivos y llevaban uniformes sin insignias. Tomaron edificios gubernamentales, destituyeron a los dirigentes locales y los expulsaron de sus despachos.

Anne Applebaum nos recuerda que ya sabía que era una invasión rusa de Crimea, porque era exactamente igual a la invasión soviética de Polonia 70 años antes. En 1944 hubo soldados soviéticos con uniformes polacos, un Partido Comunista respaldado por los soviéticos, un referéndum manipulado y otras muestras de impostura política pensadas para confundir al pueblo y a Londres.

La situación degeneró en el Dombás donde las fuerzas separatistas de las autoproclamadas Repúblicas Populares de Donetsk (RPD) y Lugansk (RPL) se enfrentaron al gobierno de Ucrania agravando la guerra en esta región. El 11.05.2014 ambas repúblicas celebraron referéndums sobre su estatus político que terminaron en una declaración de independencia de las regiones en cuestión mientras los combates continuaron. El 15.02.2015 se inició el alto el fuego incondicional con la entrada en vigor del acuerdo Minsk II. Numerosos rusos ocuparon altos puestos entre los rebeldes y varios países consideraron que Rusia proporcionó apoyo militar y material a los separatistas. En este sentido, las reacciones internacionales fueron casi siempre condenatorias de la decisión de Rusia de intervenir y también de apoyo a la soberanía e integridad de Ucrania.

Desde 2014 ya Putin asumió un control total de la información. Cualquier crítica a la propia Rusia y a la guerra con Ucrania se ilegalizó por decreto. Desde 2018 más de 116.000 rusos han sufrido un castigo penal o administrativo por decir lo que piensan. Miles de ellos solo por oponerse a la guerra de Ucrania.

En 2014 Rusia ya estaba empezando a convertirse en una sociedad totalitaria, después de emprender dos guerras brutales en Chechenia, asesinar a periodistas y detener a críticos con el régimen. A partir de 2014 este proceso se aceleró. Al ocupar parte de Ucrania se endureció la política interior y crecieron las medidas represivas contra la oposición y las instituciones independientes quedaron prohibidas.

Igualmente, desde 2014 la militarización se apoderó de Rusia. Las escuelas rusas entrenan hoy a los niños pequeños para ser soldados. La TV anima a los rusos a odiar a los ucranios, a considerarlos infrahumanos. La economía rusa también se ha militarizado y hoy se dedica casi un 40% del presupuesto nacional a armamento. También se han firmado acuerdos con Corea del Norte e Irán, dos de las dictaduras más brutales del mundo, para obtener misiles y munición. Los líderes rusos hablan como si nada del uso de bombas nucleares contra sus vecinos.

Desde el año 2014 hasta el año 2022 ha habido una "falsa e inestable paz" entre los gobernantes ucranianos y la Ucrania "ocupada" del este del país por los rusófilos y partidarios de la integración en Rusia, mayoría de la población.

Mientras todo Europa, EEUUU y los países prósperos del mundo seguían mirándose al ombligo y preocupándose de su recuperación económica después de la crisis originada por la pandemia. Ninguno de ellos se preocupó de mirar, ni siquiera de costadillo, hacia la frontera ruso-ucraniana. Todos seguían pensando que el "OSO" seguiría dormido, porque había perdido sus garras. La estupidez y el egoísmo humano se autoalimentan y viven mejor sin preocuparse de lo que le suceda al vecino mientras a mí no me repercuta.

Alemania incrementaba su dependencia energética de Rusia y todas las naciones, fronterizas o no de Rusia, solo estaban interesadas en que el "problema ucraniano" no molestase, a pesar de las advertencias de Edgard Morín y de otros pensadores realistas.

B.- Invasión rusa de Ucrania de 2022

B.1.- Hechos

La invasión estuvo precedida por una concentración militar rusa en las fronteras de Ucrania, que dio comienzo a mediados de 2021. Durante este período de tensión diplomática Vládimir Putin criticó la ampliación de la OTAN posterior a 1997 mientras negaba repetidamente que Rusia tuviera planes de invadir Ucrania. El 21.02.2022 Rusia reconoció a las Repúblicas Populares de Donetsk y Lugansk y envió tropas a esos territorios. El 24 de febrero Putin anunció una "operación militar especial" y los misiles comenzaron a impactar en varios lugares de Ucrania y las fuerzas terrestres rusas entraron en el país.

Desde 2014 aparecieron patrones de crueldad muy familiares en Donetsk y Lugansk. Los soldados rusos empezaron a tratar a los ucranios normales y corrientes como enemigos y espías. Usaron la violencia arbitraria para aterrorizar a la población. Encarcelaron a civiles por infracciones de poca importancia y, a veces, sin motivo alguno. Construyeron cámaras de tortura y crearon campos de concentración. Transformaron instituciones culturales, escuelas y universidades para adaptarlas a la ideología nacionalista e imperialista del nuevo régimen. Secuestraron niños, los llevaron a Rusia y les cambiaron la identidad. Despojaron a los ucranios de todo lo que les hacía humanos, vitales y únicos.

Se inició una rusificación intensiva con la imposición de un gobierno autocrático arbitrario. Un Estado sin estado de derecho, sin garantías, sin rendición de cuentas, sin controles ni equilibrios. Significa la destrucción de todos los vestigios, vivencias o signos del orden democrático liberal. Significa la construcción de un régimen totalitario. Quien es un autócrata, también se cree con derecho a ejercer la violencia contra quien le plazca. Y tampoco tendrá nada que objetar a los costes humanos de la guerra: si la gente corriente no tiene derechos, ni poder, ni voz ¿Qué va a importar que viva o muera? Ya Immanuel Kant describió el vínculo entre despotismo y guerra. Y Aristóteles escribió que "un tirano tiende a fomentar las guerras para conservar el monopolio del poder".

La invasión rusa supone el mayor ataque militar convencional en suelo europeo desde la Segunda Guerra Mundial. Está produciendo un número creciente de víctimas, que hasta diciembre de 2024 había causado la muerte de más de 12.000 civiles ucranianos y cientos de miles de soldados de cada bando. Los combates también han generado la mayor crisis de refugiados desde la Segunda Guerra mundial con más de 7,2 millones de ucranianos que han abandonado el país y más 7,1 millones que han tenido que desplazarse dentro del mismo. Además, la guerra ha causado daños ambientales muy significativos y ha puesto en peligro las disponibilidades alimenticias a nivel mundial.

Los rusos tomaron Jersón en marzo 2022 y Mariúpol el mes siguiente y las fuerzas rusas continuaron bombardeando objetivos militares y civiles lejos de la línea de frente. A fines de 2022 Ucrania lanzó contraofensivas y poco después Rusia anunció la anexión de cuatro provincias parcialmente ocupadas. En febrero de 2023 Rusia movilizó a cerca de 200.000 soldados para una nueva ofensiva en el Donbás y sigue ampliando su ejército en 2024 y 2025.

Según Lluís Bassets, las fases de la guerra de Putin en Ucrania son:

1ª fase: El asalto fulgurante a Kiev para descabezar el gobierno ucranio y poner un presidente títere. Fracasó, aunque jugó con el engaño, la sorpresa y la favorable desproporción de fuerzas.

2ª fase: La batalla de desgaste desde las posiciones al norte de Kiev. Fracasó dejando un reguero de soldados muertos, la chatarra de centenares de carros de combate y un comportamiento de sus soldados más propio de una banda de asesinos y saqueadores. Los bombardeos y la crueldad con la población han sido sus armas.

3ª fase: la actual. Zelenski dice que lucha para salvar vidas, no territorios. El mando ruso dirige todos sus esfuerzos hacia el Dombás para intentar ocuparlo completo. El objetivo final de Putin es dividir Ucrania en dos, anexionarse una parte y proclamar la victoria

B.2.- Razones

Como nos lo comenta Edgard Morin, la sencillez consiste en que hay un agresor y un agredido, el agresor es una gran potencia y el agredido una nación pacífica. Pero también hemos de analizar la importancia de Ucrania para Rusia y EEUU:

- País europeo con mayores reservas de uranio y el segundo en cuanto a titanio, manganeso, hierro y mercurio.
- Mayor superficie cultivable de Europa
- 25% de todas las tierras negras del mundo
- Produce y exporta cebada, maíz y otros productos agrícolas

Son conocidos a nivel mundial los abusos de la OTAN y de EEUU en sus acuerdos con Rusia y el enorme menosprecio sufrido por Vladimir Putin, heredero directo de la Segunda Potencia Mundial, la URSS. Ya Edgard Morín nos recuerda que ésta es la causa quizás principal de la mentalidad de asedio de Putin y del endurecimiento de su régimen autoritario. Y Putin tiene una sensación cada vez más fuerte de que a EEUU se le consienten injerencias militares en países soberanos, mientras se condena a Rusia.

Y Putin no quiere permitir que Ucrania pase a formar parte de Occidente, sabiendo que EEUU no intervendrá militarmente y creyendo firmemente que las economías occidentales son decadentes se volvió audaz en 2014 y mucho más en 2022.

a.- Adela Cortina nos presenta lo que ella llama especulaciones sobre los motivos subjetivos de Putin para invadir Ucrania y aunque ninguno de los motivos nombrados sea una mínima razón para destrozar

un país pacífico, lo que los hace más peligrosos es que son los de un autócrata con un notable poder.:
- Recuperar el mapa de la antigua Unión Soviética
- Evitar la ampliación de la UE
- Frenar la expansión de la OTAN
- Vengar antiguas humillaciones
- Demostrar que es un caudillo

b.- El doctor en filosofía y reconocido sociólogo alemán Heinz Bude nos comenta que la guerra de Rusia contra Ucrania es una guerra de poder. Nada ideológico la sostiene.

c.- Lluís Bassets considera que los objetivos de Kremlin para la guerra contra Ucrania son:
- Recuperar la hegemonía del Kremlin sobre un país que formó parte de la Unión Soviética,
- Extender una especie de derecho de veto sobre su esfera de influencia
- Cambiar la correlación de fuerzas internacional, de forma que EEUU se desentendiera de los asuntos europeos y
- Una Unión Europea dividida y debilitada desbordada por una Rusia victoriosa
- Es decir, cambiar el Orden Internacional, pero no ha tenido ni los instrumentos ni el poder suficiente para conseguirlo. Es evidente que desde que está en el poder, Putin está intentando volver a hacerse gradualmente con el control de partes fundamentales de la antigua URSS.

d.- Iñaki Unzueta nos recuerda las razones manifestadas por Putin para la agresión:
- La creación de una franja de seguridad
- La protección de las poblaciones rusófilas de Donetsk y Lugansk
Pero considera como razones ocultas de Putin para la agresión fueron:

- Intensificación del proceso de nacionalización de las zonas rusófilas
- Aumento de la zona de influencia de Rusia
- Alejamiento de Ucrania de la UE

e.- Timothy Snyder considera que Rusia está viviendo una guerra colonial contra Ucrania y como nos lo expone John Gray, el calendario de Putin no se ha cumplido. Es evidente que una guerra prolongada sería arriesgada para Putin, pero recurrir a ella como amenaza podrá permitirle ganar en su exhibición de poder y miedo. Un baño de sangre interminable puede ser el arma más poderosa de Putin para negociar.

B.3.- Consecuencias

Más de 50 países se coaligaron en 2022 para proporcionar ayuda militar y económica a Ucrania, una alianza formada a una velocidad sin precedentes. Pude comprobar los efectos de la ayuda alimentaria y militar europea: parecía un milagro.

Sin embargo, a medida que se prolonga la guerra, empiezan a surgir las dudas. Desde 2014 la fe en las instituciones y alianzas democráticas ha disminuido drásticamente tanto en Europa como en EEUU. Alemania siguió la cooperación económica con Rusia después de la invasión de 2014 y se generó corrupción moral y financiera, apoyada por una campaña de desinformación financiada por Rusia.

La respuesta a la guerra de Ucrania según Andrea Rizzi ha sido notable e insuficiente a la vez. Se ofreció apoyo con iniciativas sin precedentes, implementó sanciones que no han tumbado la economía rusa pero que ha han hecho sufrir mucho, se consiguió un sustancial desenganche de la energía rusa sin demasiado sufrimiento. Pero lo hecho ha sido insuficiente, no hemos alcanzado un nivel de capacidades suficiente para Ucrania si quiere resistir al ataque.

La invasión ha recibido una condena internacional. La Asamblea General de las Naciones Unidas aprobó la Resolución ES-11/1 condenando la invasión y exigiendo la retirada total de Rusia. La Corte Internacional de Justicia ordenó a Rusia suspender sus operaciones militares y el Consejo de Europa expulsó a Rusia.

Numerosos gobiernos impusieron sanciones a Rusia y a su aliado Bielorrusia y han proporcionado ayuda militar, económica y humanitaria a Ucrania. Más de 1.000 empresas han abandonado Rusia y Bielorrusia en respuesta a la invasión. La Corte Penal Internacional ha abierto una investigación sobre posibles crímenes contra la humanidad, crímenes de guerra, secuestro de niños y genocidio, emitiendo una orden de arresto contra Putin en marzo de 2023.

Anthoni Beevor considera que el conflicto de Ucrania marcará el siglo XXI, porque se enfrentan autocracia y democracia. Son mucho más que dos ideologías diferentes, son dos cosmovisiones destinadas a chocar.

Putin también piensa que un país del tamaño de Rusia necesita un Estado autoritario centralizado. Y que las democracias son débiles. Lluís Bassets nos define los efectos contrarios para Putin que la invasión a Ucrania ha generado:
- Ampliación y refuerzo de la OTAN
- Crecimiento del sentimiento nacional ucranio como nunca en la historia, incluso entre los rusófonos.

C.- Posibles soluciones o alternativas

C.1.- ¿Es posible negociar con Vladimir Putin?

Lluís Bassets se pregunta: ¿Se puede negociar con alguien con la pistola sobre la mesa? Y se contesta, hablándonos de Vladimir Putin: "El pistolero es un artista. Domina el arte de la intimidación. Sabe mantener siempre la iniciativa. Confunde y desconcierta. Nadie engaña mejor. A cada propuesta responde con una nueva exigencia. Da la vuelta a cada acusación, hasta convertirse en el amenazado. Da miedo, pero tacha de histéricos a quienes se amedrentan. Deja la pistola encima de la mesa al alcance de la mano sencillamente porque es suya y con lo suyo hace lo que le dé la gana. Está ahí solo porque no sabe dónde ponerla y considera un gesto de mala educación que alguien se lo afee. Acompañado de imprescindible sonrisa cínica de los matones. Si Putin consigue negociar con la pistola cargada encima de la mesa, ya habrá conseguido su objetivo.

Putin:
1.- Ha vulnerado la Carta de las Naciones Unidas
2.- Ha transgredido el Acta Final de Helsinki, de donde salió la Organización para la Seguridad y la Cooperación en Europa
3.- Ha incumplido los tratados y memorandos que había firmado con Ucrania, los países de la UE y la OTAN
4.- Ha bombardeado a la población civil
5.- Ha detenido, torturado y ejecutado a ciudadanos indefensos
6.- Ha raptado a millares de niños
7.- Ha destruido infraestructuras vitales para la vida en Ucrania, escuelas y hospitales, museos y teatros, el mayor embalse fluvial del país

Anthony Beevor lo define así: "Putin cambia de opinión si piensa que va a obtener una ventaja. Esto significa que la diplomacia internacional está muerta. O moribunda. Y no servirá para tratar los principales asuntos de la futura guerra fría ente democracia y autocracia. Putin disfruta siendo indescifrable. Quiere asustarnos".

C.2.- Condiciones objetivas para negociar

Antony Beevor se pregunta sobre la posibilidad de una negociación entre Rusia y Ucrania considerando que las partes no negociarán si alguna de ellas piensa que puede ganar.

Henry Kissinger consideraba que la cuestión se centraba en cómo poner fin a la guerra y que era necesario encontrar un lugar para Ucrania y un lugar para Rusia, como dos países vecinos, aunque no necesariamente amigos o corremos el peligro de que Rusia se convierta en la avanzadilla de China en Europa y en su súbdito fiel y muy útil en el desarrollo de sistemas políticos dictatoriales y antidemocráticos.

El objetivo fundamental de cualquier proceso de negociación ha de ser el de preparar con garantías una paz duradera que garantice:
- La seguridad futura de Ucrania y
- Un lugar y un papel europeo a una Rusia soberana.

C.3.- Situación subjetiva de Putin

Putin necesita ganar para sobrevivir y, además, está obsesionado con revivir los laureles de la gran guerra patriótica (2ª Guerra Mundial). Orlando Figes valora que la guerra seguirá todo el tiempo que sea necesario para reclamar algún tipo de victoria.

Según John Gray el poder de Putin es transaccional y precario. Si la invasión se estanca, habrá una posibilidad real de un golpe de estado orquestado por los oligarcas temerosos de una guerra larga y costosa, pero resulta difícil saber hasta dónde llega el descontento popular, ya que muchos rusos consideran que Occidente es el enemigo y esta sensación podría extenderse si las sanciones empobrecen a la mayoría de la población.

El analista político y escritor estadounidense Robert Kaplan opina así: "Putin da bandazos, es imprevisible. Estamos en el período más peligroso desde la crisis de los misiles en Cuba. Pero aquella crisis tuvo un efecto: aterrorizó a ambas partes. El problema es que cuando peor preparado vayas a una guerra, más probable es que se utilice el arsenal nuclear. Porque si se ve humillado, puede perder el poder. Y si lo pierde, es muy fácil imaginar que sea ejecutado.

Rusia es un país con instituciones muy débiles. No hay un procedimiento para destituir a un presidente o sustituirlo. Puede ser muy sangriento. Putin puede verse ante un pelotón de fusilamiento si no consigue salir del embrollo que el mismo ha creado".

C.4.- Posibles alternativas

C.4.1.- Según Edgar Morín

Opina que la solución de compromiso aceptable para todos sería una Ucrania neutral y federal, dada su diversidad étnica y religiosa. En la actualidad, esto es imposible. Nos habla de la dificultad de hacer guerra a la guerra. La heroica resistencia ucraniana ha sorprendido a Putin quien incluso ha abandonado la gran mentira de la desnazificación. Desde luego, ha contribuido a unir la Ucrania democrática y nacional. Y esa guerra también está contribuyendo a unir a Europa, aunque las ayudas solo sean económicas y militares, pero sin una participación directa.

Una de las características de la tragedia es que no podemos permitirnos ni la debilidad ni la fuerza y nos vemos obligados a navegar entre ambas de forma incierta. Y no olvidemos que las sanciones también afectan a los que las ejecutan. Como nos lo recuerda Edgard Morín en su artículo "Reflexiones sobre Ucrania", Ucrania no es solo una nación heroica que defiende su independencia, es una presa estratégica, económica y militar que se disputan la democracia y la dictadura, pero también dos imperialismos. Debemos luchar por una paz posible y eso significa que UCRANIA sea neutral según el modelo austríaco o suizo.

Lo que los ucranios no pueden admitir actualmente es la desmilitarización si no se garantiza esa neutralidad, lo que supondría la participación de la OTAN como garante. El Donbás, región ucraniana ocupada por Rusia, es una zona muy rica en minerales y muy industrializada por ingenieros y obreros rusos. Se puede buscar un compromiso para una explotación conjunta.

¿Son posibles estas concesiones? Podría ser una solución de compromiso para obtener la soberanía de Ucrania, su adhesión a la UE y su neutralidad militar. No debemos olvidar que los norteamericanos desempeñaron una labor clave en toda la cronología que llevó a la guerra con la extensión de la OTAN.

C.4.2.- Según Luigi Ferrajoli

Luigi Ferrajoli considera que el único modo de poner fin a esta guerra es un acuerdo de paz. Ucrania es la víctima de esta guerra, y la única forma de ayudarla es apoyarla en las negociaciones de paz, incluso ofreciendo a Putin y a Rusia entrar en la OTAN hasta con una ayuda económica para sacar de la miseria a 150 millones de rusos.

Considera que es inútil seguir insultando a Putin. No digo que sea un proceso simple, pero es imprescindible asumir la paz como un valor prioritario, porque la guerra no solo es el crimen más grave contra la humanidad, que consiste en la violación de todos los derechos y en mandar a miles de personas al matadero, es, además, la cosa más idiota.

Con una propuesta tan paradójica como esta, si Europa, EEUU y la OTAN la presentan, saldrían fortalecidos como grandes estadistas en el ámbito mundial. Y los pueblos ucranio y ruso serían los verdaderos vencedores.

Según Ferrajoli esta es una salida que podría ser aceptable para él, ya que Putin necesita una vía de salida, no hace más que repetir que son los ucranios los que no quieren negociar. Está en un callejón sin salida.

C.4.3.- Según Steven Pínker

El psicólogo experimental, científico cognitivo y escritor canadiense Steven Pinker considera que entre todos debemos conseguir que Putin no tenga éxito y ver qué tipo de salida le damos para que pueda retirarse de la batalla sin ser humillado públicamente. Ni hay una solución fácil, porque él podría aceptar una solución y luego volver a la guerra. Es trágico, pero quizás una derrota militar sea fundamental. La mejor solución sería animar a Rusia a retirarse sin llegar a desencadenar una guerra total y estamos más cerca de ella, de lo que sería deseable.

C.4.4.- Según Lluís Bassets

Según Lluís Bassets, vista la imposibilidad de zamparse el país vecino entero, tal como se había propuesto, Putin ahora solo puede optar por retener el territorio conquistado y, en todo caso, buscar el triunfo político mediante el cansancio y la división de los aliados. Y la actual posición de Zelenski, aunque su objetivo máximo es recuperar todo el territorio, su umbral de victoria útil es más modesto: recobrar la provincia de Zaporizyia y la salida al mar de Azov. También exige que Rusia deba quedar incapacitada para repetir la jugada infame de volver a invadir Ucrania. Y la única garantía es el ingreso de Ucrania en la OTAN.

C.4.5.- Según Yanis Varoufakis

La guerra de Ucrania es una guerra que acabará rápidamente si hay un acuerdo de paz, de lo contrario puede durar demasiado tiempo. Si continúa, no habrá ganadores, sólo perdedores. Cientos de miles de ucranios muertos, cientos de miles de rusos muertos. Empobrecerá Europa y hará más miserable África. Occidente debe ofrecer a Putin un acuerdo muy sencillo: volver a donde estaba antes de febrero de 2022. A cambio, Ucrania nunca será miembro de la OTAN. Es la única posibilidad que coincide con los intereses ucranios y evita el sacrificio y el empobrecimiento.

C.4.6.- La opinión de Anne Applebaum

"Lo diré muy claro: quienes hablan de pacifismo y quienes están dispuestos a entregar a Rusia no solo territorio, sino personas y principios, no han aprendido absolutamente nada de la historia del siglo XX. Para evitar que los rusos extiendan aún más su sistema político autocrático, debemos ayudar a los ucranios a lograr la victoria, y no solo por su bien.

No es solo una cuestión militar. Es también una batalla contra la desesperanza, contra el pesimismo e incluso contra el atractivo insidioso del gobierno autocrático, que a veces se disfraza bajo el falso lenguaje de "la paz". Recordemos lo que está en juego, por qué luchan los ucranios:

- Una sociedad como la nuestra.
- En la que unos tribunales independientes protejan a las personas de la violencia arbitraria.
- En la que se garanticen los derechos de pensamiento´, expresión y reunión.
- En la que los ciudadanos tengan libertad para participar en la vida pública sin miedo a las consecuencias.
- En la que la seguridad esté garantizada por una gran alianza de democracias y la prosperidad esté anclada en la Unión Europea.

Putin y todos los autócratas odian estos principios porque ponen en peligro su poder.

- Los jueces independientes pueden pedir cuentas a los gobernantes.
- Una prensa libre puede sacar a la luz la corrupción de las grandes esferas
- Un sistema político que da poder a los ciudadanos les permite cambiar a sus dirigentes
- Las organizaciones internacionales pueden hacer cumplir el Estado de derecho

Los ciudadanos del mundo democrático somos camaradas naturales. Nuestros principios e ideales y las alianzas que hemos construido en torno a ellos son nuestras armas más poderosas. Debemos actuar en nombre de nuestras convicciones comunes: que el futuro puede ser mejor; que se puede ganar la guerra; que se puede volver a derrotar al autoritarismo; que es posible la libertad, y que es posible una verdadera paz, en este continente y en todo el mundo.

C.4.7.- Resumen de posiciones

Las distintas posiciones podemos resumirlas así:

1.- A Ucrania no le basta la victoria, sino que Putin debe ser derrotado, humillado y quizás derrocado, pero las posibilidades de conseguirlo son muy remotas, sobre todo considerando la evolución actual de la guerra, la situación subjetiva de Putin, el cansancio de sus aliados y el triunfo de Trump.

2.- Muchos europeos quieren dejarle una vía de escape a Putin porque temen que sea peor el que le suceda y aún más peligrosas las consecuencias de una caída caótica del último imperio europeo.

3.- EEUU se contenta con que Ucrania no sea derrotada y la OTAN no entre en guerra con Rusia.

4.- Pekín quiere evitar la derrota completa de Moscú para que a corto plazo pueda convertirse en un cliente muy útil para sus intereses económicos y, además, un excelente aliado contra la influencia de los países democráticos. Al mismo tiempo le interesa acotar la tensión con EEUU y evitar una ruptura comercial con Europa.

5.- Por último, a ambas superpotencias preocupa que Putin no cometa una insensatez nuclear. Max Hasting piensa que la actual Rusia es diferente de la antigua URSS. Es más peligrosa. Jruschov era el líder, pero el Politburó tenía sus propias opiniones y las expresaba. Hoy ya no hay un Politburó y Putin puede decidir por sí mismo. ¿Podemos asumir el riesgo de la amenaza de Putin de utilizar armas nucleares? Desde la crisis de los misiles de Cuba, ya hemos de aceptar que la mayoría de los conflictos concluyen de un modo insatisfactorio.

C.4.8.- Ideas a tener en cuenta

Rusia es una unidad con sus propias opiniones. Y al final del conflicto de Ucrania, cuando se llegue a algún tipo de acuerdo, sorprenderá mucho que ese acuerdo incluya la posibilidad de que Ucrania sea parte de la OTAN. También es problemático el deseo ruso de controlar la costa ucrania y el mar de Azov

Pero la búsqueda de este acuerdo es vital para todo el mundo. Es el escenario de un conflicto entre dos imperialismos, el chino-ruso, basado en la autarquía y el europeo-norteamericano, basado en la democracia y la Ilustración.

1.8.6.- La guerra entre Israel y Gaza

A.- Historia antigua

A.1.- Raíces históricas

El Estado de Israel identifica sus raíces con la antigua "Tierra de Israel", un concento central para el judaísmo desde hace más de 3.000 años. La tierra de Canaán fue desde la antigüedad tierra de paso para las grandes civilizaciones del Tigris y Eúfrates (Asiria y Babilonia) por un lado y del Nilo (Egipto) por el otro. La región estuvo dividida en pequeñas ciudades-Estado o reinos independientes y fue conquistado por los grandes imperios de la zona.

En la misma zona nacieron el alfabeto semítico, origen de muchos alfabetos antiguos y modernos y un monoteísmo, del que proceden las tres más importantes religiones monoteístas: judaísmo, cristianismo e islamismo. La Tierra de Israel ha sido considerada sagrada para el pueblo judío. En tiempos de Akenatón (1350 a.C.) ya existían numerosas tribus hebreas en la zona y varias de ellas se aliaron para crear Canaán, identificándose como los descendientes de los hijos de Jacob (Yisra'el), nieto del patriarca Abraham, por lo que se denominaron hijos de Israel.

Estas tribus hebreas cruzaron el rio Jordán alrededor del año 1.240 a.C. y conquistaron Jericó. Según la tradición y las escrituras judías Saúl a finales del siglo XI a.C. estableció el primer reino israelita en Canaán. Hacia el año 1000 a.C. se establecieron los reinos de Israel y Judá, que llegaron a formar una monarquía unida en oposición militar a los filisteos y a otros pueblos cercanos. Fue gobernada, según la Biblia, por los reyes David y Salomón hasta su separación definitiva el año 924 a.C.

A.2.- Dominios extranjeros

Asiria, Babilonia, el imperio aqueménida (Persia), Macedonia y el Imperio Seleúcida, fundado por Seleuco general de Alejandro (312 a.C. a 164.a.C.) dominaron Israel desde el 924 a.C. al 164 a.C., llegando a ser independiente el reino de Israel solo en tres cortas ocasiones desde el 924 a.C. hasta el 1947 d.C.:

-   La dinastía asmonea de los Macabeos (desde el 164 a.C. al 63 a.C.), cuando fue sometida por los romanos de Pompeyo.

-   Del año 66 d.C. al 73 d.C. por la sublevación judía contra Roma que terminó con la destrucción del templo de Jerusalén, la muerte de más de un millón de judíos y el éxodo de la mayoría de los supervivientes.

-   Del año 132 d.C. al 135 d.C. siendo aplastada la revuelta por el emperador Adriano y exiliada la mayor parte de la población judía.

Roma cambió el nombre de Israel por el de Palestina, un nombre derivado de los antiguos adversarios de los judíos, los filisteos.

El año 639 d.C. fue conquistada por los árabes.

Entre los años 1096 y 1244 la zona sufrió las conquistas de los cruzados cristianos con diversas guerras con los musulmanes hasta que fueron expulsados definitivamente el año 1244.

En 1517, y durante cuatro siglos, la región fue sometida por el Imperio Otomano.

A.3.- Diáspora

Como ya lo hemos expuesto, después de diversas sublevaciones contra los romanos, éstos destruyeron Jerusalén y el Templo de Salomón obligando a exiliarse a la inmensa mayoría de la población por todo el mundo entonces conocido. Los judíos de la diáspora siempre anhelaron la vuelta a su tierra de Israel.

Tanto en los países musulmanes como en los cristianos, los judíos mantuvieron su religión y su idiosincrasia, funcionando siempre como un pueblo diferenciado y como una organización inteligente y bien preparada y capaz. Se crearon barrios judíos separados de los cristianos y musulmanes y se especializaron muchos de ellos en actividades financieras, prohibidas a los cristianos, médicas y especialmente al comercio entre amplias regiones del mundo por su entendimiento con otros judíos, una especie de organización mafiosa conocedora de los deseos, necesidades y aspiraciones de las clases altas, ya fueran, especias, joyas, elementos decorativos, esclavos o siervos.

Su excelente organización a nivel de todo el mundo conocido les permitía comerciar comprando productos, animales o seres humanos en unos lugares a bajo precio para venderlos en otros donde realmente eran cotizados. Estas actividades hicieron que muchos judíos se convirtieran en imprescindibles para príncipes, nobles y reyes necesitados de dinero.

Pero su éxito también generó una envidia creciente entre el resto de la población que era fácil de manipular por quienes demasiadas veces se encontraban sin capacidad real de devolver los préstamos recibidos de los judíos o simplemente deseaban dejar de pagarles lo comprado.

Los judíos se convirtieron en los "diferentes" y, por lo tanto, también en las perfectas víctimas de la ira de las clases bajas deseosas de desahogar su agresividad y de dirigirla hacia quienes, por ser diferentes y aparentar ser más ricos, poseían todo de lo que carecían en épocas de demasiada miseria.

Las revueltas "interesadas" contra los barrios judíos se volvieron habituales y el antisemitismo prosperó tanto en los países musulmanes como cristianos y, en especial en estos últimos.

B.- Historia moderna

B.1.- El antisemitismo

Los judíos se aferraron a su fe en un dios único y durante los últimos 20 siglos han sido capaces de montar una organización económica y financiera con una influencia decisiva en países como EEUU en la actualidad.

Esta cerrazón por mantener una religión diferenciada de la cristiana y la musulmana durante tantos años, unida al éxito económico de algunos grupos judíos ha provocado que en muchas circunstancias de los últimos siglos se hayan producido, inducidos en general por sus deudores, progroms o persecuciones de los judíos.

Ya en el siglo III a.C. hubo manifestaciones judeófobas en Alejandría. Durante los primeros siglos del cristianismo y durante casi 20 siglos muchos religiosos acusaron al pueblo judío del asesinato y crucifixión de Jesucristo, convirtiéndolos como pueblo en una especie de "raza maldita", muchas veces solo justificada por la envidia de los nobles empobrecidos y necesitados de pedir ayudas monetarias a los financieros judíos.

Fue en el siglo XIX cuando se consideró a los judíos como una "raza", cuando se fueron convirtiendo en el objeto preferido de las ideologías racistas. El término "antisemitismo" tomó fuerza en el imperio alemán para diferenciar el ideal "ario" del "semita". Para el fin del siglo XIX se convirtió en una doctrina natural y social. En Alemania los judíos constituían la única comunidad "no aria" importante.

Fue el historiador alemán Heinrich von Treitschke quien en 1879 escribió: "Los judíos son nuestra desgracia". Pero también en Francia germinó con fuerza el antisemitismo (caso Dreyfus) y en ambos países se convirtió en la expresión moderna y racista de una hostilidad de muy larga duración hacia el pueblo judío, llamada también antijudaísmo o judeofobia.

El antisemitismo se fue volviendo cada vez más popular y tanto en Francia y Alemania como en Rusia y otros países se siguieron escribiendo líbelos contra los judíos para difamarlos. Los estereotipos que esta propaganda generó aumentaron aún más los prejuicios en contra del pueblo judío. Se fue acrecentando el miedo, el rechazo y la violencia antijudía de carácter racista. En la Alemania nazi el antisemitismo se convirtió en el asesinato de millones de judíos, junto con la de millones de gitanos, criminales, personas no afines al régimen, débiles mentales, etc.

B.2.- Inmigración a la "Tierra Prometida"

Hubo entre 1141 d.C. y el siglo XIX varios llamamientos a los judíos para regresar a Israel, pero la primera gran ola de inmigración, conocida como "Aliya", se inició como consecuencia de las persecuciones a que eran sometidos. Los judíos empezaron a comprar tierras a los terratenientes árabes y a las autoridades otomanas, surgiendo así los primeros asentamientos agrícolas. El sionismo es un movimiento nacionalista que persigue la creación de un Estado judío y democrático en la Tierra Prometida del judaísmo, localizada en la Palestina histórica. Movidos por razones económicas, nacional-religiosas y humanitarias, los judíos comenzaron a emigrar hacia esa Tierra Prometida en 1881.

El surgimiento del sionismo, fundado por Theodor Herzl, dio lugar a la segunda Aliyá (1904-1914) con la emigración de unos 40.000 judíos a Israel. En 1909 se fundó el primer kibutz por colonos rusos judíos. La 3ª y 4ª Aliyas fueron entre 1919 y 1929 y en esa misma época se iniciaron los primeros ataques por parte de los árabes contra las comunidades judías y cristianas y también se crearon en 1920 los primeros grupos de defensa judíos.

La primera oleada judía a gran escala tuvo lugar en la década de 1930, en pleno Mandato Británico, como consecuencia de la persecución nazi. Las comunidades judías asentadas en la Palestina histórica fueron creciendo y, con ello, aumentaron los enfrentamientos entre los palestinos que reivindicaban la independencia y los judíos que consideraban ese territorio como propio.

Los judíos solo suponían el 8% de la población de Palestina en 1882, el 16,9% en1931 y el 28,1% en 1936, siendo propietarios del 6% del territorio. El holocausto de la 2ª Guerra Mundial ocasionó otra ola de inmigrantes a Palestina elevando su número en el territorio a más de 600.000 residentes judíos. A solicitud del Reino Unido, la ONU emitió en 1947 la Resolución 181 que dividió la región en dos Estados: uno árabe y otro judío. Se les asignó el 46% y el 54% del territorio respectivamente. A Jerusalén, ciudad sagrada para ambas religiones, se le asignó un estatus de "corpus separatum" bajo un régimen internacional. El Estado de Israel existe porque esa resolución de las Naciones Unidas le concedió en 1947 el derecho de existir. Es el primer Estado moderno creado de esta manera. Por el otro, el Estado de Israel no ha dejado de vulnerar sistemáticamente todas y cada una de las resoluciones de esa misma organización que le dio la vida y que le reconoció la legitimidad de su existencia.

Israel representa a un pueblo que sufrió en sus carnes unos crímenes atroces en la Segunda Guerra Mundial y en todos los progroms anteriores. Años después el Estado de Israel, formado por aquellos perseguidos y sufridores del holocausto nazi, se ha convertido en el responsable de vulneraciones constantes del derecho internacional y de un sometimiento, represión y opresión constitutivos de crímenes de guerra contra otro pueblo marginado y repudiado: el palestino.

B.3.-Independencia de Israel y guerra de 1948

En 1947 y tras los continuos estallidos de violencia entre grupos militares árabes y judíos y ante la imposibilidad de conciliar a ambas poblaciones, el gobierno británico decidió retirarse de Palestina y puso en manos de la ONU la resolución del conflicto.

Dos semanas más tarde la Liga Árabe aprobó una resolución que rechazaba de forma taxativa la de la ONU y al día siguiente al de la independencia de Israel. 14 de mayo de 1948, los cinco países árabes vecinos declararon la guerra a Israel y trataron de invadirlo. Hubo una guerra intermitente en los siguientes 15 meses, con varias treguas promovidas por la ONU e Israel conquistó un 26% de territorio adicional. Así pues, en 1948 Israel ganó la que denomina su "guerra de la independencia" y pasó a ocupar el 77% del territorio, incluido el oeste de Jerusalén. Bajo dominio egipcio quedó la franja de Gaza y bajo dominio jordano, Cisjordania (incluido Jerusalén Este).

Israel considera que las potencias árabes buscaban destruirla, mientras algunos historiadores consideran que solo deseaban proteger a los palestinos y otros estiman que la partición fue una nueva muestra de colonialismo occidental.

Para los palestinos esta guerra fue la "NAKBA" (desastre o catástrofe). Más de la mitad de la población árabe fue expulsada o huyó del territorio. Entre 700.000 y 750.000 palestinos fueron expulsados de sus hogares en las zonas controladas por Israel, perdieron sus tierras y se convirtieron en refugiados en países árabes vecinos o desplazados en Gaza o Cisjordania. Por otra parte, un número significativo de judíos fueron expulsados de los territorios árabes y tuvieron que pasar a la zona controlada por Israel.

Setenta años después la cifra de personas refugiadas supera los cinco millones. La Resolución 194 de la ONU de 1948 reconoce el derecho de retorno e indemnización de las personas refugiadas palestinas de aquel conflicto. Y también se reconoce a sus descendientes. Hoy sigue sin cumplirse.

Como bien nos lo expone Edgard Morín en su artículo "Horrores y errores en tierra de mitos", Israel se encuentra amenazada desde su nacimiento en 1948 y nunca ha sido un oasis en el que refugiarse, sino una ciudadela de guerra. Siglos de antijudaísmo cristiano, más tarde de antisemitismo racista y tres años de exterminio nazi alimentaron el mito sionista del retorno a la patria original. Pero Palestina ha estado siempre poblada por árabes que se volvieron musulmanes o cristianos y nunca fue una nación que esperara a su pueblo sin tierra.

B.4.- Guerra del Sinaí de 1956

La guerra del Sinaí se desencadenó a raíz de la nacionalización del canal de Suez por Egipto y el bloqueo de los estrechos de Tirán, vía de acceso al principal puerto mercantil israelí en el golfo de Aqaba por parte de Egipto.

Francia, Reino Unido e Israel establecieron una alianza secreta y atacaron por sorpresa a Egipto, ocupando el canal de Suez, desmantelando el ejército egipcio y aniquilando su fuerza aérea. Israel conquistó la Península del Sinaí. La presión diplomática de EEUU y Rusia obligó a Israel a retirarse del Sinaí y la Franja de Gaza y a Francia y el Reino Unido de Egipto. Fue el último fracaso de unas potencias colonialistas en declive.

B.5.- Guerra de los Seis Días de 1967

Años más tarde, en 1967, advertido Israel de la retirada de los cascos azules de la frontera del Sinaí y de los movimientos de tropas en Egipto, Siria y Jordania junto a sus fronteras, además de la concentración de unidades iraquíes y kuwaitíes, Israel decidió pasar a la ofensiva para conjurar lo que suponía una inminente agresión y atacó a Egipto. Israel conquistó la península del Sinaí hasta el canal de Suez, iniciando posteriormente un plan de colonización, el territorio de Cisjordania con Jerusalén Este, entonces bajo administración jordana y la Franja de Gaza, generando un nuevo éxodo de unos 500.000 palestinos. Desde esa fecha se inició la ocupación y colonización a través de asentamientos ilegales de los Territorios Palestinos Ocupados, que dura ya más de 50 años. También ocupó Los Altos del Golán en territorio sirio.

B.6.- Guerra de Yom Kipur

El día 6 de octubre de 1973 las tropas sirias atacaron las posiciones israelíes en los Altos del Golán, mientras Egipto luchaba a lo largo del canal de Suez. Israel expulsó a los sirios y avanzó hasta llegar a 32 kilómetros de Damasco. En mayo de 1974 firmaron la paz Siria e Israel creando una zona desmilitarizada entre las posiciones sirias y judías. Es noticia de ayer, 10 de diciembre de 2024, que Israel ha ocupado la zona desmilitarizada, aprovechando la caída del régimen dictatorial sirio.

Las tropas israelíes invadieron Egipto, cruzando el canal de Suez llegando a 101 kilómetros de El Cairo. El 25 de octubre se firmó la paz y se formalizaron los Acuerdos de Camp David. Israel devolvió la península del Sinaí a Egipto y este país reconoció el Estado de Israel estableciéndose relaciones diplomáticas por primera vez entre ambos países.

B.7.- Jerusalén Este

Su importancia reside en la Ciudad Vieja, que alberga santuarios de suma importancia para tres religiones: islamismo, judaísmo y cristianismo. Además, fue uno de los epicentros de la escalada del conflicto posterior de mayo de 2021.

Para los palestinos Jerusalén Este es la capital de un Estado libre palestino. Para los israelíes, Jerusalén es su legítima capital. Por ello, Israel se anexionó Jerusalén Este en 1980 de manera "oficial" a través de la Ley de Jerusalén, estableciendo la capital de Israel en una Jerusalén "entera y unificada".

El Estado de Israel ha propiciado y apoyado directamente las expropiaciones de bienes inmuebles y terrenos de sus antiguos propietarios árabes y con tal fin instauró dos leyes que viene aplicando incluso en tiempos actuales en todo Jerusalén, en Israel y en Cisjordania:

1.- La Ley de Bienes Ausentes de 1950: Prohíbe a la población palestina reclamar las propiedades que perdieron durante el conflicto de 1948.

2.- Ley de Asuntos Legales y Administrativos de 1970: permite solo a los judíos reivindicar tierras y propiedades supuestamente propiedad de judíos en Jerusalén Este antes del establecimiento del Estado de Israel en 1948. Y muchas entidades jurídicas con dudosos derechos se han apropiado de barrios enteros de Jerusalén y los han vendido a colonos judíos. Es una trampa jurídica perfecta que permite a los judíos reclamar propiedades que perdieron durante la guerra de 1948, mientras se lo prohíbe a los palestinos.

La política de desalojos y de demoliciones de propiedades de palestinos, tanto en Jerusalén como en Cisjordania se ha permitido y fomentado a favor de los colonos israelíes.

B.8.- Acuerdos de Oslo

Los Acuerdos de Oslo firmados en 1993 se enmarcan en un proceso de paz que comenzó en Madrid en 1991. En esta época se produjo el reconocimiento del Estado de Palestina por la ONU y la primera intifada (entre 1987 y 1993) contra la ocupación. Los Acuerdos preveían cinco años para alcanzar el acuerdo de paz permanente, pero no se consiguió. Arafat y Rabin se dieron la mano y firmaron los Acuerdos de Oslo (1993) que preveían la existencia de dos Estados, pero el asesinato de Rabin a manos de un judío fanático y la desaparición de la izquierda israelí condujeron a la hegemonía de una coalición nacionalista-religiosa que pretendía anexionarse toda Cisjordania.

Se reconoció la totalidad de Cisjordania como región autónoma pero dividida en tres zonas:

Zona A: bajo control civil y militar de la Autoridad Nacional Palestina

Zona B: bajo control civil palestino, pero bajo control militar palestino-israelí

Zona C: bajo control civil y militar israelí e inaccesible para la mayor parte de la población palestina. Los recursos clave para la vida, como el agua o saneamiento, pasan o están en esta tercera zona.

Entre la zona A y B ocupan el 40% de las tierras, pero el 95% de la población palestina.

B.9.- Acuerdos de Camp David

En el año 2000 se intentó de nuevo con los Acuerdos de Camp David, pero tampoco se logró. No hubo acuerdo ni en el retorno de las personas refugiadas, ni en el estatuto de Jerusalén, ni en los ajustes territoriales ni en las cuestiones de seguridad israelíes. Desde 2002 Israel ha levantado toda una serie de muros, bloqueos, puestos fronterizos y de cruce y zonas restringidas para separar las zonas y el conjunto de Cisjordania de Israel. Los muros facilitan los trayectos y comunicaciones entre los asentamientos ilegales de los colonos israelíes y torpedean la libertad de movimiento de la población palestina, aislándola en las dos primeras zonas, sin que puedan tener apenas acceso a nada más.

C.- República de Israel

C.1.- Régimen político

Israel es una democracia parlamentaria con un sistema pluripartidista y separación de poderes con sufragio universal. Las elecciones parlamentarias se celebran cada cuatro años, pero la Knéset (parlamento) puede disolver el gobierno en cualquier momento por una moción de confianza.

Israel mantiene relaciones diplomáticas con 161 países. Entre los más íntimos aliados de Israel se encuentran Estados Unidos, Alemania, Reino Unido e India. El lobby judío en Estados Unidos tiene tal fuerza que ningún presidente americano ha tomado medida conocida alguna que vaya contra los intereses israelíes e incluso en cuantas guerras y acciones ha desarrollado contra sus vecinos musulmanes siempre ha tenido su pleno y total apoyo.

Como Lluís Bassets nos lo recuerda en su artículo "El asno del Mesías": "La democracia sin ley es efímera y conduce a la dictadura, pero la ley sin democracia es la dictadura misma, un Estado que puede tener derecho, pero nunca es de derecho. No hay separación de poderes, jueces independientes, control parlamentario y judicial del Ejecutivo ni, por supuesto, consentimiento de los gobernados como corresponde a la democracia liberal y representativa.

Israel hoy se está jugando su alma democrática, al tener el gobierno más extremista desde su fundación, que quiere situar la voluntad del parlamento por encima de la interpretación de la ley, hasta ahora competencia de los jueces en un país sin constitución escrita. Esta involución es obra de la ambición y los nulos escrúpulos de Benjamín Netanyahu.

Israel se convertirá en un Estado con apartheid en el que ni los ciudadanos israelíes árabes ni los palestinos de los territorios ocupados contarán con jueces que protejan sus derechos. Se convertirá, sin matices, en una democracia étnica y mayoritaria, en la que no se respetarán ni la voz ni los derechos de las minorías.

¿Quiénes opinan así? El presidente de Israel Isaac Herzog, el exprimer ministro Ehud Olmert, mandos militares y de servicios secretos e incluso portavoces del sionismo más duro".

Pero hay un irrenunciable designio de cualquier gobierno israelí: La creación de un único Estado israelí sobre la totalidad del antiguo mandato británico de Palestina. La solución de dos estados significa renunciar a un 24% de la antigua Palestina dejando a su vez a Israel repartida en varias zonas conectadas únicamente por tiras alargadas y estrechas , indefendibles frente a cualquier enemigo de mínima enjundia. Israel creó un lobby de influencia que ha llegado a ser muy poderoso en EEUU para evitar un Estado palestino. Ningún presidente norteamericano desde Kennedy ha sido capaz de llevarle la contraria a Israel. Si en Washington tienen que elegir entre Jerusalén y Madrid, nosotros vamos a ser escopeteados siempre.

C.2.- Fuerzas armadas

Israel tiene la mayor proporción de gastos militares en relación con su producto interior bruto y sus presupuestos de todos los países desarrollados. Por ejemplo, en 1984 el país llegó a gastar más de un 24% de su PIB en defensa, aunque esta proporción ha tendido a atenuarse y esa cifra era del 6,2% en 2012.

La mayoría de los israelíes deben servir en el ejército a los 18 años, los hombres durante tres años y las mujeres entre dos o tres. Tras el servicio obligatorio, los hombres pasan a la reserva hasta los 40 años y lo habitual es que varias semanas al año hagan ejercicios militares. También hay mujeres que cumplen dichas obligaciones, pero ni los israelíes musulmanes ni los religiosos dedicados a la lectura de los libros sagrados, aunque hay una fuerte tensión sobre el tema.

El equipamiento militar israelí está compuesto por sistemas armamentísticos de alta tecnología y fabricados en Israel. Desde 1967, Estados unidos es su principal aliado y mayor contribuyente extranjero en cuanto a ayuda militar, pues solo entre 2013 y 2018 recibió una ayuda militar por un valor superior a los 3.150 millones de dólares. Israel también cuenta con los misiles Arrow y escudos antimisiles. Se estima que Israel posee entre 75 y 400 ojivas nucleares.

Israel vive en estado permanente de conflicto debido a que su derecho a existir, como ya lo hemos explicado, está sujeto a controversia desde su fundación.

El Consejo de Seguridad y otros órganos de Naciones Unidas han emitido toda una serie de resoluciones y decisiones respecto a los asentamientos, la anexión de Jerusalén Este, de los Altos del Golán sirio o la anexión de facto de Cisjordania mediante la confiscación de tierras y los asentamientos, sin que Israel haya cumplido ni el 0,5% de las mismas. El principal problema es la ausencia de voluntad política y como dice Guterres "no puede haber paz sin justicia, ni justicia si prevalece la impunidad". El fin de la impunidad de Israel solo pasa por una clara voluntad política de la comunidad internacional que implique la rendición de cuentas por parte de Israel.

Tras el conflicto armado de mayo de 2021, la ONU anunció una comisión internacional de investigación sobre las presuntas violaciones tanto del derecho internacional humanitario como del derecho internacional de los derechos humanos. Las conclusiones de dicha investigación son claras:

-    Israel debe poner fin a la ocupación y la discriminación contra la población palestina

-    La situación en los Territorios Palestinos Ocupados constituye APARTHEID

Israel no tiene otro remedio que prepararse a tope militarmente para poder defenderse (con menos de 10 millones de habitantes) de los cientos de millones de musulmanes que le rodean. En todo caso, ellos se sienten como los agredidos. Su presidente Netanyahu puede planificar sus operaciones bélicas sin el más mínimo temor de interferencias militares de terceros.

Otra cuestión son las consecuencias políticas a largo plazo, pero los israelíes tienden a creer que, contando con armas atómicas, el respaldo incondicional de EEUU y la incompetencia militar árabe, gozan de impunidad plena para despoblar el norte de Gaza y Cisjordania, anexionárselo "de facto" y llenarlo de colonos judíos. El futuro lo dirá, pero de momento, los israelíes ganan.

C.3.- Economía

Israel es el país más avanzado del sudoeste de Asia en el desarrollo económico e industrial. El país está considerado en lo más alto en el Índice de Facilidad para hacer negocios del Banco Mundial, así como el Índice de Competitividad Global del Foro Económico Mundial. También tiene el segundo mayor número de compañías Startup en el mundo, después de EEUU y el mayor número de empresas que cotizan en la bolsa de Nasdaq fuera de América del Norte.

El desarrollo intensivo de la agricultura y el sector industrial le han convertido en autosuficiente en la producción de alimentos. Las principales exportaciones son frutas, verduras, productos farmacéuticos, software, productos químicos, tecnología militar y diamantes.

C.4.- Demografía

Con una población de 9,9 millones de personas, los judíos suman 7,2 millones (73,2%) y los árabes (2,1 millones) de los que 564.000 son árabes cristianos o sin filiación religiosa. Hay 506.000 judíos afincados en 127 asentamientos reconocidos por Israel y en 135 asentamientos ilegales en Cisjordania. Los asentamientos llevan extendiéndose desde 1967 por Cisjordania, unos con autorización oficial del Gobierno y otros denominados "puestos avanzados", que no cuentan con ella. Los asentamientos están comunicados por carreteras solo accesibles para los colonos y son un importante foco de violencia con los palestinos.

Los colones residentes en los puestos avanzados se mueven por motivos ideológicos, considerando que estos terrenos fueron legítimamente ganados en 1967 y que estaban deshabitados con anterioridad. El terreno es suyo porque lo dice el Torá, todo lo demás no importa y, por ello, consideran legítima la violencia para defender sus derechos y propiedades.

Como nos lo expone Edgard Morín en su artículo "Errores y horrores en tierra de mitos": "Es difícil la posibilidad de un Estado palestino que incluya a 800.000 colonos israelíes que le son radicalmente hostiles y es difícil ver a Israel retirando sus asentamientos. El panorama es sombrío: la violencia tiende a intensificarse en ambos bandos, con ataques indiscriminados y una represión masiva igualmente indiscriminada. Las verdades unilaterales se imponen, ocultando las verdades opuestas. Los odios y los miedos desbordan la mente. No es imposible, pero sí improbable, que la acción conjunta de la ONU y de los Estados Occidentales y árabes logre algún resultado decisivo. No es imposible que el conflicto se amplíe, englobando y enardeciendo a una nación tras otra. Hay que temerse lo peor".

C.5.- El orgullo de ser judío e israelí

Edgard Morín nos avanza su versión sobre la situación de Israel en el mismo artículo: "Israel ha cambiado la condición judía. A la humillación milenaria del judío subyugado, temeroso y sin tierra le siguió el orgullo judío por las hazañas militares del pueblo hebreo y los logros agrícolas del kibutz. Y para algunos judíos la Torá ha sustituido al Manifiesto Comunista. La noción de "confesión israelita", una filiación puramente religiosa, ha sido reemplazada por la noción de pueblo judío, presente en Israel y, por ejemplo, en Francia.

Este apego radical ha llevado a la justificación incondicional de todas las acciones de Israel, incluida la opresión del pueblo palestino. Los occidentales, y en particular los europeos, al sentirse culpables de los estragos, genocidas del antisemitismo, se han mostrado a favor de la nación judía. Israel se ha convertido en el puesto avanzado privilegiado de la presencia occidental en el mundo árabe peligroso.

La existencia de Israel también ha suscitado un tremendo antijudaísmo en el mundo árabe-musulmán. Israel desarrolló una fuerza militar superior a la de los estados vecinos. Se impuso un Israel autoritario, que hacía caso omiso de las innumerables resoluciones de la ONU relativas a la creación de un Estado palestino."

En opinión de Juanjo Sánchez Arreseigor, Palestina es una causa perdida. Los palestinos sucumbirán y los israelís les irán arrebatando todo el territorio que todavía les queda. En muy pocos decenios les quedará el 0,0% y no tenemos manera de evitarlo. Lo único que podemos hacer es quitarnos de en medio para que ese tren no nos atropelle a su paso".

D.- Guerra Israel - Gaza

D.1.- Franja de Gaza

En septiembre de 2005 las autoridades israelíes pusieron en marcha un Plan de Desconexión de la Franja de Gaza, que pasó a ser administrada por la Autoridad Nacional Palestina y Gaza se convirtió en la cárcel más grande del mundo.

Según Antonio Guterres, secretario general de Naciones Unidas, Gaza es "el infierno en la tierra". Una región donde la situación humanitaria es extremadamente preocupante y donde viven alrededor de 2 millones de personas, de las cuales, más de la mitad son menores.

El 58,4% de la población vive en situación de pobreza, el 54% padece inseguridad alimentaria y más del 75% son beneficiarios de ayuda. El 35% de las tierras son agrícolas y el 85% de sus aguas son total o parcialmente inaccesibles debido a las medidas militares israelíes. Más del 90% del agua del acuífero de Gaza no es potable, etc.

Gaza está separada del resto del mundo por fuerzas militares israelíes y la mayoría de sus habitantes nunca han tenido la oportunidad de salir del territorio. Desde el año 2007 Gaza está gobernada de facto por Hamás, una organización considerada terrorista según muchos países e instituciones internacionales, incluida la UE.

En las elecciones parlamentarias de enero de 2006 Hamás obtuvo 74 escaños sobre 132, frente a los 45 de Abás. Y hasta la fecha los de HAMÁS se han portado como unos psicópatas homicidas que consideran a sus gobernados como simple leña para la hoguera de su causa fanática.

La pregunta es: ¿Qué responsabilidad tiene la comunidad internacional en que Gaza esté gobernada por una organización terrorista y en que utilice a los propios palestinos como escudos humanos?

Como nos lo expone magistralmente Javier Cercas en su artículo "Ni puñetero caso": "Debemos entender lo evidente:

1.- Los gobiernos de Israel, además de incumplir las resoluciones de la ONU sobre el conflicto siguen tratando de manera abyecta a los palestinos, la inmensa mayoría de los cuales sobrevive en condiciones miserables, sin atisbo de esperanza.

2.- Los judíos merecen un pedazo de tierra donde vivir de forma digna y segura. Los terroristas de Hamás no tienen razón, pero si la tienen los ciudadanos palestinos. Pero nada de equidistancias".

D.2.- El ataque de Hamás

El 7 de octubre de 2023 Hamás y otros grupos armados palestinos de Gaza iniciaron un ataque sorpresa contra Israel. Lanzaron miles de cohetes al sur del país y cruzaron la frontera atacando varias localidades en las que llevaron a cabo ejecuciones sumarias y secuestraron más de 200 personas, en su mayoría, civiles. Según el Ministerio de Salud israelí, al menos 1.200 personas perdieron la vida y casi 3.500 resultaron heridas. Hemos de partir de una idea fundamental: en el primer artículo de sus estatutos Hamás considera como prioridad la destrucción de Israel y la construcción de un Estado Islámico desde el mediterráneo al pacífico y ni siquiera se nombra al estado Palestino o GAZA.

Analicemos las siguientes interpretaciones:

1.- La periodista Pilar Raola se hace las siguientes preguntas: "¿Quién ataca realmente? y se contesta: Es Hamás, un grupo terrorista similar al "Estado islámico" que se mantuvo durante años en Siria y parte de Irak para constituir un Estado musulmán con la ley islámica. Está aliado con Irán y los grupos extremistas islamistas de todos los países musulmanes. Los atacantes no defienden la libertad sino los peores dogmas ideológicos y religiosos. Las primeras fotos del ataque y de la matanza aparecen en el canal de telegram de la fuerza revolucionaria iraní. ¿Cómo se entiende el ataque? Por las siguientes razones:

1.1.- El anuncio de Arabia saudí de llegar a un acuerdo de defensa muy potente con EEU, que suponía la exigencia de abrir relaciones políticas y económicas con Israel. Los acuerdos de Abraham estaban a `punto de firmarse, con la intermediación de EEUU, entre Marruecos y

Arabia con Israel, lo que suponía la ruptura del bloque musulmán. Arabia ya ha rechazado firmar y Marruecos lógicamente seguirá su mismo camino. Con esta guerra, ya Arabia no se atreverá a negociar absolutamente nada con Israel.

1.2.- El respaldo económico y militar brutal de Irán, a quien interesa crear situaciones de inestabilidad en la zona para seguir siendo ella la protagonista y líder de la zona.

1.3.- La unión de diversas fuerzas (Irán, los representantes del antiguo Estado Islámico, Siria y otras fuerzas islamistas extremistas) que se apoyan en la religión para crear un grupo de presión que intenta reducir, competir y anular el peso en la zona de Arabia y los países del petróleo circundantes.

¿Hamás y compañía en nombre de qué ideología o fe justifican lo que ha hecho? Hamas lo justifica diciendo que defiende al pueblo palestino, pero en realidad, en mi opinión, es su peor enemigo, porque las consecuencias de sus actos las pagará ese pueblo. Puede compararse con la ETA que luchaba en nombre del pueblo vasco y se justificaba por la supuesta opresión del gobierno español sobre el pueblo vasco. PERO A LO BESTIA y con una falta de empatía con el pueblo (en este caso el palestino) mucho mayor".

2.- Arturo Pérez Reverte nos recuerda que los barbudos milicianos fanáticos de Hamás gritaban "Alahu Akbar" con fanática saña, mientras unas jóvenes con ropa ensangrentada eran arrastradas por ellos como trofeo el pasado 7 de octubre en un kibutz de Israel. Los de Hamás las vejaban no solo por ser judías, sino por ser mujeres libres, poco vestidas, sin velo, ofensoras de Dios. Por eso, el grito Alahu Akbar era esclarecedor: traslucía todo el fanatismo, hipocresía, represión sexual y bajeza de que es capaz el ser humano.

3.- Sánchez Arreseigor también nos recuerda que este ataque es una mera repetición de su "modus operandi" habitual, salvo que a una escala muchísimo mayor. Para eso no necesitaba ayuda alguna de terceros. La tecnología armamentística iraní es muy superior a la utilizada por Hamás.

4.- El novelista israelí David Grossman, crítico con su gobierno, opina así: "La ocupación constituye un crimen, pero maniatar a centenares de civiles, niños y padres, ancianos y enfermos y pasar de uno a otro para dispararles a sangre fría es un crimen más atroz".

5.- Según el periodista Luís de Vega la matanza del 7 de octubre de 2023, tal como lo expone en su artículo "La autoridad palestina pierde apoyo" del 5.11.2023, ha hecho subir como la espuma la popularidad de Hamás (Movimiento Islámico de Resistencia, en árabe) en su ámbito de influencia. La idea transmitida es que las diferentes facciones y grupos políticos de Cisjordania y Gaza han de cerrar filas y unirse. Aunque el tiempo siempre corre en su contra.

D.3.- Ataque de Israel

La respuesta no se hizo esperar: Miles de bombas cayeron sobre Gaza y el ejército israelí invadió Gaza, ordenando la evacuación de la Franja impidiendo el suministro de combustible, alimentos y otros medios esenciales como medicinas y equipamiento médico. Al mismo tiempo, Netanyahu declaraba oficialmente que Israel estaba en guerra y se hacían llamamientos de dirigentes israelíes a borrar Gaza de la faz de la tierra. Para noviembre de 2024 la catástrofe humanitaria en Gaza sobrepasaba en víctimas mortales las 43.000 unidades, de los cuales 15.000 eran niños, y otras 10.000 personas desaparecidas. La población sufre inseguridad alimentaria y hambrunas y los desplazamientos han ascendido a más de 1,400.000 personas, al menos un 70% de la población total.

El nuevo informe de Amnistía Internacional, centrándose solo en tres de los cinco actos prohibidos por la Convención del Genocidio: matanza de miembros en grupo, lesión grave a su integridad física o mental y sometimiento intencional del grupo a condiciones de existencia que hayan de acarrear su destrucción física, total o parcial, reconoce que Israel está cometiendo genocidio en Gaza.

Amnistía Internacional confirma que el objetivo militar de Israel es destruir a la población palestina de Gaza y que en ningún caso esa intención genocida puede justificarse en las acciones de Hamás. El conflicto árabe-israelí ha traído consecuencias psicológicas irreparables en los niños palestinos, sufren tensiones psíquicas, intenciones suicidas, trastornos de sueño, ataques de pánico, ansiedad y cambios de personalidad. Muchas generaciones de niños palestinos no han conocido un día de paz y se han visto obligados a dejar sus hogares y escuelas y a marcharse de un campo de refugiados a otro con frecuencia. Se han visto confinados junto a sus familias bajo el toque de queda, sin agua ni electricidad en muchas ocasiones y hasta sin alimentos suficientes.

D.4.- Los países árabes

D.4.1.- Irán

Según Pilar Raola, la operación de ataque a Israel fue cuajada, preparada y organizada en Teherán: hubo varias reuniones en los últimos meses de sus dirigentes con responsables de HAMAS, HIZBULA, altos responsables de IRÁN y otros dirigentes de la YIHAD islámica. Irán quiere aparecer como el máximo líder del mundo musulmán, aunque su posición geográfica le impide intervenir directamente. Cualquier intento de abrir segundos frentes provocaría una durísima respuesta de EEUU e incluso mundial. Sin embargo, Sánchez Arreseigor nos dice: "Se repite incesantemente que Irán ha ayudado a Hamás en su reciente ofensiva. No me creo ni una palabra de todo eso y lo considero una narrativa propagandística norteamericana contra Irán como supervillano y archienemigo de Occidente.

D.4.2.- Los demás países musulmanes

Tras sufrir una derrota militar tras otra, no queda nadie que se atreva a oponerse en serio a Israel. La retórica incendiaria no debe engañarnos: es todo pose y simulación. Temen enfrentarse a Israel porque saben que sus ejércitos valen muy poco en combate, especialmente frente al Tsahal israelí, una de las fuerzas armadas más eficaces del mundo. Y si decidieran coaligarse y atacar en masa todos juntos, Israel tiene armas atómicas y ellos no.

Los huties del Yemen han declarado la guerra a Israel, pero esto no es más que el enésimo ejemplo de la palabrería árabe, de su excesiva tendencia a la retórica por la retórica. Ni su posición geográfica ni su situación actual luchando en la guerra civil y además con los invasores saudíes les dejan opciones reales de intervenir.

Hezbolá del Líbano es superior a Hamás en armas y habilidad combativa, pero dispone de efectivos limitados y Hamás es un grupo sunita integrista ultrafanático y, según sus dogmas, los musulmanes chiitas, como los de Hezbolá, son herejes a los que hay que exterminar. En todo caso, ya hemos podido comprobar su mínima eficacia contra Israel. Por lo tanto, Hezbolá va a limitarse a "mostrar el pabellón" pegando algunos tiros para guardar las formas.

D.5.- Las víctimas: los palestinos

En resumen: Netanyahu puede conquistar el norte de Gaza y anexionárselo tras expulsar a sus habitantes. Y habrá un tremendo escándalo mundial, pero todo será pólvora sin balas.

La imagen victimista de los palestinos ante el mundo, eterna víctima de Israel, les sirve a los grupos extremistas musulmanes para justificar su actitud de lucha permanente contra Israel y todo el resto del mundo, sobre todo cristiano, y para mantener un apoyo de todos los países musulmanes. Las reacciones y manifestaciones en defensa de los palestinos en todo el mundo son una enorme victoria para la causa de los terroristas musulmanes e incluso para justificar las dictaduras de todos los países árabes.

¿Cuántas manifestaciones ha habido a favor de los judíos a pesar de que los terroristas de Hamás hayan matado y torturado a más de mil ancianos, jóvenes y niños judíos e incluso hayan matado a más de 250 jóvenes asistentes a un festival por la paz que había en Israel cerca de la frontera con Gaza? Una en Barcelona a la que apenas asistieron 400 personas.

La mentalidad islámica considera a las personas solo como números y a los palestinos igualmente como números susceptibles de ser las víctimas necesarias para un fin superior.

Todo se justifica por el inmenso miedo de los religiosos musulmanes a la influencia que puede tener en sus correligionarios la cultura occidental. No existe un solo país musulmán democrático y todos sus dictadores se apoyan en la religión para mantenerse en el poder.

Las diversas fuerzas comandadas y dirigidas por IRÁN consideran a los palestinos como "la víctima necesaria y útil" para justificar sus propias barbaridades. El pueblo palestino es la verdadera víctima de todo este proceso y de esta guerra. Es la fuente que legitima (según ellos) todos sus actos contra Israel.

¿Quiénes son los verdaderos culpables? Aquellos que consideran que el sufrimiento del pueblo palestino está justificado para alcanzar un fin superior: arrasar, si es posible, a Israel y crear una república islámica desde el mediterráneo hasta el pacífico. ¿Cómo se ve desde Occidente? Por una parte, demasiada gente joven de izquierdas se escandaliza sólo por lo que hace Israel, que no es sino una consecuencia de la inhumanidad de los movimientos extremistas musulmanes.

Por otra parte, esta misma gente (supuestamente de izquierdas) no hace comentario alguno sobre la invasión de HAMAS a Israel, donde ha matado a unas 1.200 personas (niños, mayores y ancianos), previa tortura a muchos de ellos y ha secuestrado a más de 200, de los que solo ha soltado a una docena hasta finales de enero de 2025.

Una acción ni justifica a la otra ni se puede considerar ninguna de los dos como ética o aceptable. Pero si son consecuencias naturales de las guerras y enfrentamientos entre los seres humanos.

II.- REFLEXIONES SOBRE LA GUERRA

¿Qué es la guerra?

2.1.- Explotación del hombre por el hombre

Ya Carlos Marx identificó la historia de la Humanidad como la de la explotación del hombre por el hombre, incluyendo en este concepto a todos, hombres y mujeres. Otros escritores la han expuesto de diversas formas para venir a decir lo mismo.

Durante los últimos 100.000 años el Homo Sapiens ha aprendido que para satisfacer todo lo que necesitaba y deseaba, es decir, para conseguir todo lo que la tercera ley de la naturaleza humana le marcaba, le era suficiente con dominar las mentes y los cuerpos ajenos. Desde entonces el fuerte se ha servido de los menos fuertes, ha explotado a los débiles y a la gran mayoría de sus "iguales" para conseguir el poder y con ello culminar cuantos deseos pudiera tener. Y siempre ha utilizado la violencia sobre los demás.

Pero nunca hay violencia sin motivación, sin causa que lo justifique. Manuel Freytas en su artículo "Por qué el capitalismo hace la guerra" nos dice: "La guerra, el uso y el control del poder militar, la capacidad de destrucción masiva fue el factor primario que posibilitó, por medio de la conquista, que grupos reducidos de individuos, la clase dominante, impusieran su voluntad sobre las mayorías, condenándolas a la servidumbre y la esclavitud. El objetivo primario de la guerra es conquistar y controlar para dominar."

Podemos completar el "objetivo primario de toda guerra" añadiendo a los conceptos de conquista y dominio del adversario el verdadero motivo de todas ellas: la ambición de poder económico y político del dirigente o poderoso de turno o de quienes lo dirigen o manejan, basada siempre en la tercera Ley de la Naturaleza Humana: la insatisfacción permanente. Las guerras, desde siempre, solo pueden beneficiar a quien las promueve, siempre una persona o grupo poderoso y nunca el pueblo, y solo son promovidas para ampliar su poder y no el de las personas de su país, Estado o Imperio. Y son siempre esos pocos quienes se aprovechan de la conducta gregaria del pueblo llano, extensible al 99% de los homínidos y que se encuentra estrechamente relacionado con el concepto de territorialidad.

Lo primero que hemos de reconocer es que ningún homo Sapiens está suficientemente satisfecho de lo que tiene o posee, como para no desear y poseer más, ser más poderoso, tener lo del otro. Y esa es la primera y única causa de todas las guerras, que siempre obligan a que quienes son considerados como enemigos por ser los poseedores de los bienes de cualquier tipo deseados por el agresor, se vean obligados a defenderse de la violencia agresiva del poderoso de turno que aún quiere serlo más.

Y siempre hay un gran perdedor: el pueblo o mejor dicho los pueblos que padecen la guerra son los que realmente pagan las consecuencias de ellas con sus vidas y con sus haciendas. Las masacres de la guerra no son una meta a priori sino el resultante del objetivo de ampliar el poder. La pérdida inmensa de vidas humanas es la consecuencia necesaria de toda guerra, pero las clases dirigentes siempre han sabido y entendido que las vidas de sus súbditos son fácilmente reemplazables, que no tienen un valor si no les sirven para incrementar su propia fortaleza.

La historia de las guerras es la historia de la explotación del Homo Sapiens, donde las clases privilegiadas o dirigentes explotan a las sometidas o dirigidas, sea cual sea el régimen político. Solamente podemos encontrar dos excepciones: la guerra defensiva contra el agresor que pretende conquistar nuestros bienes y nuestras libertades y la guerra para derrocar el poder injusto.

2.2.- El ser humano y la guerra

2.2.1.- Definición de guerra

La guerra, en su sentido estrictamente técnico, es aquel conflicto social en el que dos o más grupos humanos, relativamente masivos, principalmente clanes, tribus, sociedades o Estados, se enfrentan de manera violenta mediante el uso de armas de toda índole con resultado de muertes y daños materiales de una entidad considerable. Es una experiencia universal que comparten todos los países y culturas.

Uno de los grandes y más crueles inventos del Homo Sapiens sedentario y agricultor fue el de la guerra como sistema de dominación sobre los demás y de consecución de las ambiciones del poderoso.

Aristóteles afirmaba que la guerra solo era un medio en vista de la paz, pues consideraba que la guerra era tan natural en la sociedad humana como la paz, como también era legítima la esclavitud en la naturaleza para mantener la jerarquía de lo mejor sobre lo peor en el orden social. Son sus palabras: "El ejercicio de la guerra no debe perseguirse con el fin de esclavizar a los que no lo merecen sino, en primer lugar, para no ser esclavizados por otros; en segundo lugar, para procurar la hegemonía por el bien de los gobernados, no por deseo de dominar a todos; y en tercer lugar, para enseñorearse de quienes merecen la esclavitud".

El militar y teórico prusiano Carl von Clausewitz siempre valoró que la guerra era la continuación de la política por otros medios.

El Marqués de Olivart consideró que la guerra era el litigio entre las naciones que defienden sus derechos, en el cual el juez es la fuerza y sirve de sentencia la victoria. El ganador, en razón de su fuerza, impondrá su voluntad a los demás. La guerra es siempre una contienda a gran escala organizada por parte de una fuerza armada impulsada por el poder.

Toda guerra, según mi criterio:

- Se basa en la Primera Ley de la Naturaleza Humana, la Ley de la Supervivencia de la que surge el egoísmo más absoluto que prioriza el "YO" sobre todos los demás.

- Se comprende por la Tercera Ley de la Naturaleza Humana, la de la Insatisfacción Permanente, por la que por mucho que tengamos nunca estamos satisfechos y queremos más, y

- Se lleva a cabo por la Segunda Ley de la Naturaleza Humana, la Ley de la Fuerza, ya que el que la gana impone sus leyes obligando a todos los demás.

Cuando escribo estas letras, tengo ya 80 años y no he padecido ninguna guerra, es decir, el país en el que he nacido y resido, al igual que el resto de Europa Occidental, conscientes de los desastrosos efectos de la guerra civil española y de la Segunda Guerra Mundial, optaron por la paz y siguen apostando decididamente por ella. Aunque Vladimir Putin, el actual dirigente ruso, parece empeñado en "aguarnos la fiesta" y, como ya lo hemos expuesto, ha invadido Ucrania.

Los hombres siempre han muerto, y muchos siguen muriendo, en las guerras porque se les ha obligado a tomar las armas por la fuerza o se les ha convencido a luchar por otras razones, como:

- Una patria (inventada por otros hombres)
- Unos valores (supuestamente mejores que los del enemigo) o
- Una religión (siempre impuesta desde el nacimiento)

Y, sin embargo, según mi criterio, la verdadera y única razón de toda guerra siempre ha sido una: la ambición de más poder y dinero del poderoso o poderosos de turno que son quienes deciden dónde, cómo, cuándo y contra quién hacer la guerra.

2.2.2.- Sobre el desastre de la "guerra total"

La guerra genera una situación de ruptura del funcionamiento normal de un sistema o comunidad, cuyos efectos en las personas, así como las pérdidas y daños materiales o ambientales sobrepasan las capacidades de esa comunidad o sociedad para responder o recuperarse de la situación.

Los angloestadounidenses han teorizado y puesto en práctica la idea de "guerra total": una guerra sin límites legales, morales, geográficos, temporales o espaciales. Como declaró Bush sobre la guerra de Irak: "Esta es una guerra diferente en la que el enemigo está en todas partes y ataca sin tregua. La solución definitiva es buscarle y destruirle, destruir sus santuarios, sus cómplices, sus barriadas, sus familias, sus instituciones religiosas, así como a todo aquel que pudiera ofrecerle apoyo material o espiritual, protección o aliento". A esto le llamó "guerra toral", la que rompe con todo criterio ético y moral.

La teoría y la práctica de la guerra total liquida la distinción entre combatientes y civiles, entre instalaciones militares y civiles, entre infraestructura militar y sistemas de transportes civiles, entre lo sagrado y lo profano. La guerra se convierte así en un mayor desastre si cabe, en una emergencia absoluta y en un caos creados por el hombre contra el propio ser humano, por las siguientes razones:

1.- En lo político: Socava el régimen político existente para implantar uno nuevo que responda a los intereses de los ocupantes y realiza campañas de difamación y desacreditación del país invadido.

2.- En lo militar: utiliza todos los medios y formas posibles, sobrepasando las fronteras del ejército para abarcar a la población civil y a los niños.

3.- En lo económico: destruye la infraestructura económica existente perjudicando siempre mucho más a las clases media y baja de la población. También termina saqueando las finanzas y el tesoro nacional.

4.- En lo cultural: supone la pérdida de los valores históricos, el desarraigo de la propia cultura y la imposición de una nueva. En general, se sustituyen los códigos, normas y conceptos culturales por los de los vencedores.

5.- En lo social: la guerra afecta a todos los sectores produciendo una desorganización de la sociedad. En el aspecto humano se generan olas de violencia, violaciones, atropellos, deshumanización, etc., además de desintegración de familias por muertes, desplazamientos obligados, éxodos o refugio en otros países.

6.- Con relación al Medio Ambiente: la guerra causa destrucción física y perturbación de hábitats naturales y de la vida silvestre, contaminación radiológica, química y biotóxica.

7.- Para la salud pública: Las guerras causan un gran número de muertes, heridos y enfermedades, que siempre exceden las capacidades de los servicios de salud. También destruyen infraestructuras como hospitales y clínicas.

La guerra es un término que está íntimamente relacionado con la historia de la humanidad y con los desastres, catástrofes y emergencias y la guerra no solo abarca el conflicto bélico entre sus contendientes, en su sentido tradicional y convencional, sino que va más allá, abarcando todos los aspectos de la vida de un grupo, etnia, comunidad, clase social, pueblo, nación o país.

Y hemos de considerar que si Bush, el presidente del primer Estado democrático del mundo, como Estados Unidos, declaró la necesidad de la "guerra total" en Irak en este mismo siglo XXI, ¿qué podemos esperar de todos los demás promotores de guerras?

2.2.3.- ¿Y la guerra para las mujeres?

Al hablar de guerras como "cosa de hombres" a lo largo de los últimos 10.000 años, también debemos enfrentarnos a la realidad de la situación de la mujer, al menos hasta hace muy poco tiempo, con respecto a la misma, al no participar de forma activa y directa en la misma.

A.- Historia

La violación de las mujeres por parte de los hombres ha sido una conducta generalizada, legitimada y justificada en muchas culturas, desde el Neolítico hasta el presente. El rapto de mujeres se consideraba en ciertas culturas como causa legítima de matrimonio (Rapto de las Sabinas de la antigua Roma). La esclavitud y la servidumbre incluían el derecho de los amos y señores a mantener relaciones sexuales con sus siervas y esclavas.

Hasta fecha muy reciente no existía una palabra para definir "la penetración sexual de una mujer sin que prestase su consentimiento", ya que el consentimiento carecía de entidad jurídica.

La ley más antigua conocida sobre esta materia es el Código de Hammurabi (1750 a.C.) en Babilonia, aunque el objetivo de la ley era solo garantizar la exclusividad en el acceso sexual del esposo, ubicando al delito en el grupo de delitos contra la propiedad del hombre, ya que como tal se valoraba a la mujer. Prohibía violar mujeres vírgenes, propiedad de los padres (con pena de muerte para el violador) y casadas, propiedad de los maridos, (con pena de muerte para el violador y la mujer, aunque el marido podía rescatar a la mujer). No existían restricciones para violar a las demás mujeres ni para violar a las esposas.

El derecho romano evolucionó hacia un reconocimiento parcial de los derechos sexuales de las mujeres. Para los casos de "raptos" se empezó a exigir el consentimiento de la mujer. En el siglo VI Justiniano reconfiguró el delito de "raptus" considerándolo tanto un delito patrimonial contra el esposo (propietario de la mujer) y sexual contra la mujer, sea que fuere casada, soltera, monja o viuda, pero autorizando la violación de prostitutas. También se llegó a penalizar en Roma la relación sexual del esposo sin consentimiento de la mujer, que luego la sociedad occidental volvió a autorizar como "débito conyugal".

Las primeras leyes medievales castigando la violación surgieron en las "Siete Partidas de Alfonso X de Castilla" (1221 – 1284) y consideraban que si la violación era probada en juicio, el agresor debía ser condenado a muerte y todos sus bienes confiscados. Pocos años más tarde, hacia el año1285, en Inglaterra también se crearon unas leyes similares contra la violación, aunque no fueron aplicadas durante siglos. En la Edad Media el "derecho de pernada" (ius primae noctis") era un derecho feudal tácito que establecía la potestad señorial de tener relaciones sexuales con toda doncella sierva del feudo en la primera noche cuando se fuera a casar con otro siervo suyo.

En el siglo XIX ya aparecieron leyes que castigaban la violación, pero con castigos muy leves o amplias justificaciones cuando los hombres eran relativamente acomodados. Durante los siglos XIX y XX el delito de violación tuvo la característica de ser en muchos casos silenciado y ocultado por las víctimas debido a un entorno cultural y judicial de "culpabilización y castigo social" contra la mujer víctima.

La institución del matrimonio justificaba hasta hace poco y aún justifica en algunos países la violación conyugal. El feminismo ha desempeñado un papel decisivo para el tratamiento de la violación como delito.

B.- Sobre la violación en guerra

¡Es asombroso el hecho evidente de la situación de la mujer en la Historia de la Humanidad!

A lo largo de la Historia Humana las mujeres han sido en las guerras simples trofeos que quedaban a merced del vencedor. La violencia y la agresión física del cuerpo femenino, el tratamiento brutal de la mujer ha sido una normalidad continuada desde las primeras guerras hasta la actualidad y ha sido tratada como objeto de uso habitual por los soldados hasta prácticamente el siglo XXI.

La violencia sexual ha sido utilizada como arma bélica de manera sistemática en muchas guerras, antiguas y modernas. Mujeres y niñas han sido sometidas y forzadas a esclavitud sexual, violadas, secuestradas, humilladas y dañadas en lo más profundo de sus sentimientos éticos y morales, trascendiendo el dolor al grupo social o comunidad. Aún en la actualidad hay guerras en las que nada ha cambiado. Las mujeres violadas padecen durante mucho tiempo sufrimiento y trauma incluso con trastornos mentales temporales o permanentes. También presentan pérdida del sentido de la vida, sentimientos de odio, desesperación, desprecio, ira, en su estrés traumático.

Sin embargo, la violación es utilizada en las guerras para aterrar a las sociedades, para forzar su desplazamiento o para castigar o controlar. De hecho, cabe no incluir la violación en ámbito de la sexualidad, sino en el de la tortura. El empleo de la violación sexual como arma de guerra ha estado probado en al menos 13 países entre 2001 y 2004, aunque probablemente la cifra se quede corta. Además de expresión e instrumento, la violación también puede ser una consecuencia, porque se cree que "la guerra exacerba la violencia de género ejercida contra las mujeres en tiempo de paz".

Con la violación, a menudo, se persigue y se consigue humillar al colectivo, a través de la mujer. Con la violación no solo se destruye a la mujer, sino también a los familiares que observan o son conscientes de la agresión. Muchas veces las violaciones son públicas, en grupo, en presencia del marido u otros allegados y en muchas ocasiones son las propias mujeres violadas las que sufren y soportan en numerosas ocasiones el rechazo de la comunidad, incluso cuando se las pueda reconocer como víctimas y sean objeto de lástima. El dolor de la violación puede convertirse con facilidad en un "estigma".

Los secuestros y ataques sexuales llegaron a ser tan comunes en la guerra de Irak que cada mujer temía ser la próxima víctima. Las mujeres desaparecieron de las calles y en las zonas dominadas por los chiitas a las mujeres les presionaron para cubrirse la cabeza, a dejar el trabajo, a vestir como "mujeres". Los asesinatos en defensa del honor se incrementaron, sin temor a condena alguna para los hombres.

Y, sin embargo, la violación y la agresión a la mujer ha sido excluida tradicionalmente de los horrores de la guerra y ni siquiera estaba, hasta hace muy poco tiempo, reconocida jurídicamente. Se consideraba un efecto colateral inevitable y no como una transgresión de los derechos humanos y mucho menos como estrategia o herramienta para la guerra.

La violación no fue, pues, reconocida como crimen en el juicio de Nuremberg de 1946 ni por el Tribunal de guerra en la Convención de Ginebra de 1949 y este reconocimiento no le llegó hasta los "tribunales ad hoc" creados para la ex Yugoslavia (1993) y Ruanda (1994), así como en el Estatuto de Roma del Tribunal Penal Internacional (TPI).

C.- Ejemplos recientes de violaciones en guerras

En la Segunda Guerra Mundial este crimen llegó a su máxima expresión. Así es conocida la violación de muchas mujeres por las tropas nazis, sobre todo en el avance hacia el Este de Europa, aunque también en Francia, Bélgica y Holanda. Posteriormente se dio la violación de dos millones de mujeres alemanas por soldados soviéticos en su avance por la Alemania nazi, de las que al menos una décima parte fueron después asesinadas.

En Asia también sufrieron trato similar las mujeres coreanas, chinas y filipinas por tropas japonesas y utilizadas como esclavas sexuales y en Vietnam por las tropas norteamericanas. Por desgracia, en todos estos casos han salido impunes los agresores.

D.- Legislación actual sobre la violación en guerra

El Estatuto de Roma fue adoptado por la comunidad internacional el 17.07.1998 en una conferencia diplomática celebrada en esa ciudad. El Estatuto dispuso la creación de una Corte Penal Internacional permanente con competencia sobre crímenes de genocidio, crímenes de lesa humanidad y crímenes de guerra. Su sede está en La Haya, Países Bajos. La Corte Penal Internacional (CPI) o Tribunal Penal Internacional (TPI) desde esa fecha tiene competencia, de conformidad con el presente Estatuto, respecto de los siguientes crímenes:

a.- Crimen de genocidio

b.- Crímenes de lesa humanidad

c.- Crímenes de guerra

d.- Crimen de agresión

En la actualidad China, India, Rusia y Estados Unidos no son miembros y no aceptan al Tribunal Penal Internacional (TPI). La CPI o TPI puede procesar a individuos, pero no a Estados ni organizaciones.

La prostitución forzada y la esclavitud sexual han existido desde tiempo inmemorial, pero el Tribunal Penal Internacional (TPI) define la violación como crimen contra la humanidad solo en el caso de que estas violaciones sean generalizadas y sistemáticas. El TPI especifica que, cuando la violación se comete como parte de un ataque contra civiles, puede ser considerada tanto un crimen de guerra como crimen contra la humanidad.

E.- Sobre la violación como delito sexual

La violación es un delito sexual consistente en forzar a una persona a mantener relaciones sexuales sin su consentimiento. A partir del reconocimiento de los derechos humanos, el surgimiento del feminismo y de los derechos del niño, el concepto de violación evolucionó:

- De ser una conducta contra la propiedad (del marido) a ser una conducta contra la libertad sexual
- De ser una conducta que solo atacaba a las mujeres vírgenes y casadas, a ser un ataque contra todas las personas (mujeres, niñas, niños, hombres y personas trans)

- De no requerir consentimiento de las víctimas, a ser una conducta que exige la falta de consentimiento de las víctimas para ser considerada violación
- De ser una conducta limitada al coito, a ser una conducta que abarca todo tipo de penetración con características sexuales
- De ser un acto privado que mancillaba a la víctima, a ser un acto público que culpabiliza al violador y cada vez más al entorno social que facilitó la violación.

F.- Tipos penales actuales sobre violación

Hay varios tipos penales actuales sobre violación:

- Menores de edad: la mayoría de las legislaciones consideran violación, aunque haya habido consentimiento del menor
- Vía de penetración: vaginal, anal y oral
- Medios de penetración: solo pene o incluso con objetos según legislaciones
- Agresor: alunas legislaciones solo el hombre.

G.- La mujer, la guerra y el futuro

Pero actualmente hay mujeres que pretenden acercarse más a la forma de ser de los insensatos hombres que siempre han sido engañados u obligados a participar en guerras ajenas por quienes ostentan el poder con las mismas normas de juego desde hace 12.000 años. Las guerras, conforme a mi criterio, no son nunca entre pueblos, sino entre dirigentes todopoderosos que obligan a sus pueblos a pelear, como ya lo hemos explicado, siempre por razones ajenas a los propios pueblos.

Y en la actualidad hay mujeres que se alistan a los ejércitos, muchas veces como voluntarias, para cometer, en mi opinión, los mismos errores que los hombres y para ser conducidas al matadero a cambio ¿de qué?

¡Es hora de despertar!

Muchas mujeres siguen confundiendo el feminismo con la imitación de los errores de los hombres, imitan formas verbales masculinas y parecen querer ser más machos (o más bien machistas) que ellos. Igualdad no es sinónimo de imitación. El hombre y la mujer necesitamos asumir juntos nuestra mayoría de edad, conocer las leyes de nuestra naturaleza humana, nuestras tendencias y capacidades, nuestra historia y nuestro presente. Sólo así seremos capaces de generar una verdadera democracia que nos represente y que canalice los excesos del Neoliberalismo para conseguir reducir las desigualdades sociales y económicas actuales.

"Iguales en lo diferente, somos uno"

H.- La violación en la cultura musulmana

En general dentro de la cultura musulmana la violación es un delito que se considera como tal solamente cuando un hombre haya violado a una mujer casada o virgen no emancipada, y siempre cuando la mujer haya estado cumpliendo a rajatabla las normas sociales musulmanas, tales como el uso del hiyab (velo) y el ir por la calle siempre acompañada de una persona de sexo masculino, que generalmente debe ser su padre o su hermano.

Dentro del sistema tradicional de los países musulmanes, es la mujer quien debe demostrar su inocencia en un caso de violación, siendo irrelevante el hecho de que ella sea la víctima del delito. El sistema exige que la mujer demuestre su inocencia presentando cuatro testigos presenciales del acto de violación que declaren a su favor.

La violación dentro del sistema de los países islámicos está penada con la lapidación del hombre que se demuestre ha violado a una mujer casada o virgen no emancipada en las circunstancias arriba expuestas, aplicándose también castigo a la mujer considerada "culpable" de haber incitado al hombre a que la viole, el cual puede ser desde la flagelación hasta la lapidación. No se castiga la violación como el acto en sí, de la forma en la que se la conoce en Occidente, sino más bien como un castigo a una figura que se parece al adulterio.

2.2.4.- Consecuencias de la guerra en los seres humanos

La primera consecuencia de cualquier guerra es siempre la misma: avivar y liberar las dos primeras leyes de la naturaleza humana (el egoísmo y la violencia basados en las Leyes de la Supervivencia y de la Fuerza) hasta mostrar al ser humano como verdaderamente es, con toda su agresividad y con todas las tendencias innatas latentes (odio, rabia, violencia, engaño, etc.) que se manifiestan sin ningún tipo de control e incluso se incitan contra "el otro", también un ser humano.

El hombre, con la guerra, se vuelve más animal si cabe, pero con un instinto depredador muy superior al de cualquier animal irracional, ya que el deseo de hacer el mal, incluso sin obtener más beneficio que la satisfacción de ver el dolor ajeno y la destrucción del otro, se alimenta y se pone en marcha hasta la crueldad más brutal.

Las guerras son siempre lo mismo: locura e ira desatadas. Guerra es una palabra que lo justifica todo. Las guerras no solo sacan a flote nuestros peores instintos, sino que los legalizan hasta el punto de que los convierten en virtud. En la guerra se vuelven traficantes, saqueadores, secuestradores, criminales o asesinos muchos seres humanos que habrían sido mucho mejores personas si la sociedad en que vivían no hubiera implosionado. La crueldad y la locura no son excepcionales en el devenir humano, sino parte sustancial de nuestra forma de ser y se manifiestan siempre que las circunstancias lo permiten.

Y es en las guerras, cuando matar a los demás no solo no está prohibido, sino que se convierte en una obligación y en una necesidad para sobrevivir, cuando la ley de la supervivencia exige también la aplicación de la ley de la fuerza, cuando el ser humano se manifiesta con más libertad y sin el contrapeso del castigo y todo se justifica. En una guerra la piedad hace más mal que bien. La piedad es peligrosa. Es simplemente por aplicación de la primera ley, donde hay que escoger entre "yo o tu", donde si me apiado del enemigo, es muy posible que no reciba el mismo trato, pierda la batalla e incluso la vida.

En la guerra es el instinto animal más primitivo y cruel el que predomina, sin tener en cuenta más factores que los de la supervivencia y la fuerza a costa de la muerte del otro. Y la guerra ha formado parte de la existencia humana desde que el hombre es hombre, es decir desde la constitución de los primeros grupos humanos, que tuvieron que aprender a defenderse y a atacar para mantener o conseguir el alimento o los bienes necesarios para su supervivencia.

La guerra representa la antítesis del amor: en la guerra solo se desea el peor de los males para el enemigo, para las personas que se hallan al otro lado de la trinchera y que son personas humanas igualmente conducidas al mismo matadero. Pero lo más asombroso de nuestra naturaleza humana es que a lo largo de la historia de la humanidad ha habido y sigue habiendo culturas en las que el concepto de "amor" no ha sido considerado como un valor humano necesario y por lo tanto en sus relaciones lo han considerado como prescindible. Sin embargo, ninguna cultura ha prescindido de la guerra.

Otras consecuencias de toda guerra son:
- La verdad es la primera víctima de la guerra
- Afecta a todos los sectores y se produce una desorganización de la sociedad
- En el aspecto humano se presentan olas de violencia, violación, atropellos y deshumanización por el ocupante
- Perdida de la espiritualidad, de la autoestima y de los atributos humanos.
- Muertes y heridos, trastornos psíquicos y físicos
- Destrucción de infraestructuras , empresas y medios de vida
- Pobreza y desamparo
- Desarraigo y desplazamientos de la población
- Perturbación de sistemas económicos y sociales
- Traumatismos psíquicos en los soldados
- Las muertes solo son la punta del iceberg, etc.

Como bien lo expone el novelista Lorenzo Silva en su obra "El mal de Corcira":"De las guerras solo pueden salir indemnes los que tienen la fortuna o la astucia de no promoverlas, sufrirlas ni librarlas". Y Carlos Ruíz Zafón nos recuerda en su novela "La sombra del viento" una consecuencia pocas veces tenida en cuenta, pero que la viví en mi propia sangre: "Nada alimenta el olvido como una guerra. Las guerras no tienen memoria y nadie se atreve a comprenderlas hasta que ya no quedan voces para contar lo que pasó".

Mi padre, Eugenio Torrealday Arribalzaga, vivió la Guerra Civil Española con 26 años, un fusil al hombro y en el bando perdedor. Cuando el ejército vasco se rindió en Laredo el verano de 1937 a las fuerzas italianas aliadas con Franco, mi padre se convirtió en prisionero de guerra y pasó varios años en Centros de Concentración, prisiones varias y campos de trabajo hasta su liberación, para convertirse en su propio pueblo en una especie de escoria despreciada de la sociedad franquista en un país dominado por un régimen dictatorial. Mi padre jamás me habló de la guerra ni de su paso por las cárceles y demás centros penitenciarios. Cuando en alguna ocasión le pregunté sobre su experiencia, su mirada se volvía fría y distante porque no quería recordar, quería olvidar y jamás abrió la boca. De lo poco que me enteré fue gracias a mi madre.

Las mujeres comprobarían siempre esto: los hombres que habían participado en los más duros combates jamás hablaban de ellos ni de la propia guerra, y no querían saber nada de las instituciones que perpetuaban el recuerdo de la guerra.

Una última consecuencia es la muerte de los más inocentes. Se calcula en 1,500.000 niños murieron en los últimos 10 años en las guerras del mundo, sin contar los fallecidos en Ucrania y Gaza. Unos 300.000 niños se siguen utilizados como soldados en 30 países de todo el mundo, en especial en África y Asia. Las consecuencias psicológicas son bien conocidas: agresividad, terror durante la noche, ansiedad, depresión, sida y problemas de salud. También las niñas son utilizadas como soldados y se calcula que un 28% son violadas y/o convertidas en esclavas sexuales con los consiguientes embarazos no deseados, lesiones vaginales y en el cuello de útero, abortos, etc.

2.3.- La naturaleza de la guerra

2.3.1.- La guerra nunca cambia de naturaleza

Hay muchos intentos de ilustrar que la idiosincracia de la guerra ha cambiado. A lo largo de la historia, la introducción de nuevas tecnologías y técnicas ha sido anunciada como transformadora. En el siglo XXI se creyó que la naturaleza de la guerra, por el empoderamiento de los terroristas e insurgentes, había cambiado y quedado definida irrevocablemente por estos actores.

Pero sigue una trinidad reconocible en todas las guerras porque siempre hay:

a.- Un gobierno que decide su puesta en marcha

b.- Un ejército que ataca a un presunto enemigo

c.- Un pueblo que sufre sus consecuencias

Un aspecto crucial es que la brutalidad de la violencia colectiva no ha cambiado. En toda guerra siempre hay:

- Una condición letal: la muerte necesaria
- Un odio que se retroalimenta y llena de enemistad al pueblo
- Una pasión y una intensidad crecientes por la incertidumbre
- Una determinación de sobrevivir, en perjuicio del enemigo
- Un miedo y una injusticia percibidas en el pueblo
- Una pérdida de dignidad y respeto por los demás

Y, por parte del dirigente de turno:

- El deseo de afirmar el poder sobre los demás
- La ambición del poderoso

Lo que sucede es que, si el origen o causa del conflicto no desaparece, hay muchas probabilidades de que el conflicto estalle de nuevo y sabiendo que el objetivo de todas las guerras no es otro que el de derrotar al enemigo e imponer efectivamente la paz según las condiciones del vencedor. Pero la pregunta que nos debemos hacer es la siguiente: ¿Puede un líder declarar la guerra sin más? Y su respuesta depende del sistema político en el que opere el líder, pero en la mayoría de los casos, la respuesta es sí, y coincide con dos factores fundamentales:

a.- La consideración de sentirse superior o más fuerte

b.- La ambición de más poder ante los demás

¿Y siendo la naturaleza de la guerra una actividad plena de violencia que solo beneficia a unos pocos, los poderosos, y siempre termina perjudicando a la inmensa mayoría, es decir, al pueblo, se puede continuar ensalzando sus supuestos valores de valentía, lealtad, honor, etc. que acaban en muerte y sufrimiento?

La aparición de la guerra vino de la mano de la aparición de la jerarquía hace quizás 12.000 años, con unos líderes que se beneficiaban de ella y por eso les interesaba convertirla en algo incluso hermoso.

¿Cómo es posible que en el siglo XXI nuestra supuesta cultura y educación siga admitiendo tales valores y, sobre todo, la guerra y su violencia como hechos aceptables, razonables o "humanos"?

Hay muchos criterios y pensamientos en los que me diferencio y me separo absolutamente de la forma de pensar de Arturo Pérez Reverte, pero me reconozco en sus palabras cuando dice: "Cada vez somos menos cultos y estamos más indefensos. Hemos negado la educación a las nuevas generaciones y les privamos de la lucidez quitando de los planes de estudio las herramientas para comprender. Hemos convertido la historia que contamos en algo que no vale para nada. El malvado solo no es muy peligroso, pero los mil tontos que le rodean le hacen poderoso. Hay muchos más tontos que malvados, por desgracia".

Y esos pocos malvados, esos pocos seres psicópatas cuyo único interés reside en aprovecharse de todos en su único y exclusivo beneficio son quienes están consiguiendo retrasar la educación en pensamiento crítico de la gente y, con ello, están consiguiendo dirigir a la humanidad por unas vías de destrucción y de guerra. Los Putin, Trump, Bolsonaro, Miley, Orbán, etc. son quienes debemos conocer, reconocer y controlar, y estamos perdiendo batallas que no nos podemos permitir y que necesitamos recuperar.

2.3.2.- El contexto del poder y la estrategia de la guerra

El contexto de cualquier conflicto armado será decisivo para su conducción y su resultado, por lo que Carl von Clausewitz consideró que la identificación precisa del contexto era el "acto supremo" de un estadista. Una vez conocido el contexto, la estrategia es tomar decisiones y ejecutarlas para asegurar una ventaja. En el nivel más alto puede implicar la formación de coaliciones y alianzas, la extracción de vastos recursos y la definición de una intención general, una gran estrategia.

Los líderes parecen seguir marcando una diferencia significativa en los conflictos armados y la toma de decisiones humanas sigue siendo importante. Incluye el liderazgo estratégico, la toma de decisiones y la planificación.

Tengamos en cuenta el mejor consejo del primer y mejor teórico de la naturaleza de la guerra:

Sun Tzu en su obra "El arte de la guerra" nos aconsejaba que "la forma más astuta de ejercerla sería soslayarla de manera que no hubiera necesidad de llegar a ella". Afirmaba que la guerra hay que ganarla antes de declararla o de que existiera en sí misma.

2.4.- Sobre las razones de las guerras

2.4.1.- Para Tucídides, Historiador y militar griego del siglo V a.C.

Tucídides en su "Historia de la guerra del Peloponeso" nos dice: "La justicia solo se tiene en cuenta en el razonamiento de los hombres si las fuerzas son iguales en ambos lados; en el caso contrario, los fuertes ejercen su poder y los débiles deben ceder ante ellos", pero de hecho muchos débiles no se someten a la razón sino a la guerra.

Y según Tucídides las razones de la guerra son:
- El honor (ahora el orgullo)
- El miedo y
- El interés

2.4.2.- Para Maquiavelo

En la naturaleza humana están el deseo y la ambición, lo que induce a la inseguridad colectiva y a "la guerra de todos contra todos" y, por lo tanto, esa inseguridad es el fundamento de la ley y del Estado.

2.4.3.- Para Hobbes

Las razones de toda guerra son:

1.- La competencia: hace que los hombres invadan el terreno de otros para adquirir ganancia, usando la violencia para que así los hombres se hagan dueños de otros hombres, de sus esposas, de sus hijos y de su ganado. Una nación irá a la guerra si considera que los beneficios de la guerra superan las desventajas y si existe la sensación de que no hay otra solución mutuamente aceptable.

2.- La desconfianza: para lograr seguridad se usa la violencia con un fin defensivo

3.- La gloria: para adquirir reputación, para reparar pequeñas ofensas, como una palabra, una sonrisa, una opinión diferente o cualquier otra señal de desprecio dirigido hacia la propia persona o indirectamente a los parientes, a los amigos, a la patria, a la profesión o al prestigio personal.

2.4.4.- Según los expertos:

Son muchas las causas que los expertos enumeran, aunque podemos decir que se reducen a cuatro: razones económicas, religiosas, políticas e ideológicas. Sin embargo, podemos darles todo tipo de nombres, como:

- Controlar tierras, recursos y otros intereses económicos
- Amenaza a la soberanía de un país
- Expansionismo e intereses territoriales
- Equilibrio de poderes en diversas regiones
- Diferencias culturales, ideológicas o políticas
- Intolerancia
- Mantenimiento o cambio de relaciones de poder
- Dirimir disputas económicas, ideológicas, religiosas o territoriales por cuestiones históricas o estratégicas
- Nacionalismo
- Imperialismo
- Racismo y esclavitud
- Venganza: ejemplo de Hitler
- Exigir un desarme
- Imponer algún tipo de tributo, ideología, religión o nacionalidad
- Combinación de varias de ellas, etc.

Todas esas razones son simplemente disculpas que intentan ocultar la única razón: más poder y más dinero. El factor fundamental de toda guerra se reduce a la Tercera Ley de la Naturaleza Humana, la de la INSATISFACCIÓN PERMANENTE.

Otra forma de exponer las razones para iniciar una guerra es la siguiente:

1.-Beneficios económicos

El deseo de apoderarse de las riquezas del otro. En la mayoría de los conflictos suele haber un motivo económico subyacente, aunque su objetivo declarado se presente al público como algo más noble. En la época preindustrial las ganancias deseadas por un país beligerante podían ser materiales preciosos como oro y plata o ganado como vacas y caballos. En los tiempos modernos los recursos deseados son otros como el petróleo, minerales o materiales utilizados en la fabricación.

Ejemplos:
- Guerras angloíndias (1766 – 1849)
- Guerras del Opio (1839 – 1860)
- Invasión japonesa de Manchuria (1931 – 1932)

2.- Ganancia territorial

Para usos mineros, agrícolas u otros.
Ejemplos:
- Conquista romana de Britania (43 d.C.)
- Guerra mexicano – estadounidense (1846 – 1848)
- Guerra serbo-búlgara (1885 – 1886)

3.- Religión

Las guerras religiosas pueden estar vinculadas a otros motivos de conflicto, como el nacionalismo o la venganza por un desastre histórico percibido en el pasado. También pueden instigarla las diferentes sectas de una misma religión (protestantes y católicos o suníes y chiíes)

Ejemplos:
- Las Cruzadas en Tierra Santa (1095 – 1291)
- La guerra de independencia griega (1821 – 1829)
- Guerra civil libanesa (1975 – 1990)

4.- Nacionalismo

En este contexto, nacionalismo significa esencialmente intentar demostrar que tu país es superior a otro mediante la subyugación violenta. A menudo adopta la forma de una invasión. Relacionado con el nacionalismo está el imperialismo, que se basa en la idea de que conquistar otros países es glorioso y aporta honor y estima al conquistador.

Ejemplos:
- Guerras yugoslavas (1991 a 2001)
- 1ª Guerra Mundial (1914 – 1918)
- Guerra italo – etíope (1935 – 1936)

5.- Venganza

El deseo de castigar, reparar un agravio o simplemente devolver un golpe por un desaire percibido puede ser a menudo un factor en el desarrollo de una guerra. La venganza también está relacionada con el nacionalismo, ya que la gente de un país que ha sido agraviada está motivada para contraatacar por orgullo y espíritu. A menudo, la distinción entre víctima y agresor se difumina y todos los participantes se perciben a si mismos como luchando en una guerra justa para corregir errores o injusticias anteriores.

Históricamente, la venganza ha sido un factor en muchas guerras europeas.

Ejemplos históricos:
- Segunda Guerra Mundial (1939 – 1945)
- Guerra de Afganistán (2001 – 2021)

6.- Guerra civil

Cuando se produce un fuerte desacuerdo interno en un país. Estas desavenencias internas suelen convertirse en abismos que desembocan en conflictos violentos entre dos o más grupos opuestos. Las guerras civiles también pueden ser provocadas por grupos separatistas que quieren formar su propio país independiente o por estados que quieren separarse de una unión mayor.

Ejemplos:
- Guerra Civil Americana (1861 – 1865)

- Guerra Civil Rusa (1917 – 1923)
- Guerra Civil Española (1936 – 1939)

7.- Guerra Revolucionaria

Se produce cuando un amplio sector de la población de un país se rebela contra un individuo o grupo que gobierna el país porque no está satisfecho con su liderazgo. Las revoluciones pueden empezar por dificultades económicas de ciertos sectores de la población o la percepción de injusticias cometidas por el grupo dominante.

Las guerras revolucionarias pueden derivar fácilmente en guerras civiles. Ejemplos:
- Revolución Americana (1775 – 1783)
- Revolución Francesa (1789 – 1799)
- Revolución Haitiana (1791 – 1804)

8.- Guerra defensiva y/o preventiva

Capacidad puramente defensiva contra un agresor o agresor potencial y que su guerra es por lo tanto una guerra justa. Aunque a veces se utiliza falsamente el argumento de "Les estamos atacando antes de que inevitablemente nos ataquen".

Ejemplos:
- Guerras Galas (58 a.C. a 50 a.C.)
- Conflicto iraquí (2003 – 2011)
- Invasión rusa de Ucrania (2022 -   )

2.4.5.- Mi criterio

1.- La causa única y fundamental de las guerras

Como ya he explicado con anterioridad y no me cansaré en repetir, la causa única y fundamental de toda guerra es la ambición de más poder y dinero de unos pocos poderosos, que siempre se encuentran insatisfechos con lo que son, tienen y poseen. Nadie entre los seres humanos nos sentimos suficientemente satisfechos con lo que tenemos, todos queremos tener más y cuanto más dinero y poder se tiene, no solo no decrece la ambición, sino que aumenta exponencialmente sin límite alguno. El poder y el dinero son como el agua del mar que cuando más se bebe, más sed se tiene.

Y es precisamente la ambición de los poderosos de turno, sean emperadores o reyes en épocas anteriores hasta épocas recientes, o sean dictadores, que desde la democracia o en contra de la misma, se autoproclaman jefes de Estado y adoptan las mismas potestades que sobre la vida y hacienda de sus súbditos tenían los antiguos mandatarios, la que inicia la guerra para, en todos los casos, incrementar su poder y riqueza. E incluso aquellos países democráticos que se convierten en hegemónicos, como Estados Unidos durante todo el siglo XX, caen en la misma tentación y se convierten en "abusones de su poder" para defender los intereses de quienes en su Estado tienen la sartén por el mango, que suelen ser las grandes empresas, en especial las armamentísticas, y son capaces de sacrificar la vida de miles y miles de sus jóvenes compatriotas en aras de una supuesta defensa de los valores democráticos sin respetar, en demasiadas ocasiones, los derechos de los demás países para organizarse y crear su propio futuro.

2.- Sobre la Ley de la insatisfacción permanente

La tercera ley de la naturaleza humana justifica los medios para conseguir los fines, que siempre son los mismos, más poder y más dinero, más dinero y más poder, siempre juntos. La causa fundamental de toda guerra que resulta ser un antiguo y permanente conflicto entre los que tienen más y los que tienen menos, entre los que se creen a ellos mismos más poderosos y todos los demás. En este caso, las personas que tienen poder, influencia y recursos quieren tener más y/o al menos proteger lo que ya tienen

3.- Sobre el gregarismo

La guerra es la forma que tienen los poderosos para canalizar siempre a su favor la tendencia a la agresividad del pueblo gregario, agresividad que existe por razones genéticas como tendencia innata en todo ser humano. Aunque la guerra no está en nuestros genes, si lo están las tendencias a la ira, al odio, a la agresividad, a la ambición y a la violencia, que debidamente enfocadas por quienes mejor conocen nuestra forma de ser, convierten con facilidad a los hombres en animales gregarios. Estamos compuestos por genes egoístas y lo natural es que intentemos conseguir los recursos que nos ayuden a sobrevivir o mejorar nuestra calidad de vida y la de nuestras familias incluso dejándonos conducir y dirigir para luchar por ellos con otros grupos o personas y en beneficio de terceros.

Pero ello se puede llevar a cabo por medios no necesariamente violentos y, además, nunca los poderosos que son quienes provocan todas las guerras, necesitan recursos para sobrevivir, sino para ser aún más poderosos. El conflicto es consustancial al ser humano como ser social que interacciona con otros seres humanos con los que discrepa y que tienen percepciones, intereses, valores y necesidades contrapuestos.

4.- ¿Podemos controlar nuestras tendencias?

La cuestión es buscar la fórmula para controlar la tendencia a la violencia, ya casi conseguida en las modernas sociedades avanzadas europeas, aunque siempre habrá delincuentes o personas violentas. David P. Barash en su artículo "¿Son los seres humanos naturalmente violentos y belicosos?" nos dice: "Los seres humanos son innatamente violentos y belicosos y están naturalmente predispuestos a la guerra. Las teorías de la naturaleza humana, incluso el ostensible "instinto de violencia", seguirán siendo lo que son, independientemente de lo que pensemos sobre ellos. Las personas, como resultado de ello, son susceptibles de modificar su comportamiento, aunque no su naturaleza.

Nuestra especie es ciertamente capaz de ejercer violencia a nivel individual como a nivel grupal. Pero una tendencia está muy lejos de una necesidad, lo que implicaría una predisposición hirviendo justo debajo de la superficie, buscando urgentemente oportunidades para explotar".

¿No tenemos solución?

¡Cuidado! SI TENEMOS SOLUCIÓN.

Ya miremos a nuestra historia como a nuestro presente, todas las dictaduras se parecen, pues todas cercenan la libertad de los ciudadanos e implantan la censura en toda manifestación cultural que no pueden controlar, pero en el siglo XXI tenemos tres fuerzas singulares que debemos valorar y utilizar con plena responsabilidad para acercarnos al control del gregarismo social, de las guerras y de las dictaduras.

1.- La mujer
2.- La educación en nuestras propias capacidades
3.- Una verdadera democracia que controle a los poderosos para evitar que actúen exclusivamente en función de sus propios intereses.

5.- ¿Son psicópatas todos los dictadores?

Según los expertos, hay un 2% de personas que son capaces de todo, porque carecen de empatía y utilizan fríamente al prójimo para su beneficio. Los psicopatoides y narcisos llegan a ser un 10% de la población y son también gente muy tóxica, manipuladora y egocéntrica. De estas dos canteras, como nos lo recuerda Rosa Montero, proceden todos los monstruos de la Historia y, en especial, todos esos personajes como Putin, Trump y todos aquellos que en la actualidad están generando caos sociales y guerras en este siglo XXI.

6.- ¿Y cómo y por qué lo consiguen?

La propia Rosa Montero nos define a los individuos que lamentablemente se dejan conducir por los poderosos, como, por ejemplo, los malos por pereza ética e intelectual que son esa gente sin sustancia, carente de ambiciones e inquietudes, cuya máxima aspiración consiste en vivir lo mejor posible con el mínimo esfuerzo. Verificar los datos o pararse a pensar les resulta cansino. Resumiendo, ellos mismos no serían linchadores, son demasiado vagos, pero son quienes azuzan para linchar.

Como en el caso anterior, también hay demasiados individuos heridos, pero sin reflexión, que practican la dejación del pensamiento con consecuencias peligrosas. Son aquellas personas que arrastran un sufrimiento, un rencor y una furia que no han sabido razonar ni asumir. Estos son los ejecutores del mal y pueden llegar a ser atroces. Diría que una parte de los agresores en la violencia de género y de la violencia social viene de ahí y el resto de los psicópatas. Según el neurólogo Robert Sapolsky el odio alivia, por desgracia, la angustia de quienes no saben manejar sus emociones.

Otro estilo de individuo es el de los cobardes, incapaces de dominar un miedo insuperable en posiciones de riesgo, por ejemplo, por la imposibilidad de ayudar a un amigo judío en el nazismo o los que no defienden a un amigo del instituto al que están acosando para no ser fichado como pringado. También hay muchos los que son capaces de envilecerse para sacar tajada, por temor a descender en la escala social o a no ascender lo suficiente, los que se pliegan siempre al poderoso, etc. Y por último, los indiferentes.

Estos múltiples tipos de individuos facilitan y hacen posible que los psicópatas los utilicen y manejen como marionetas.

2.5.- ¿Por qué sigue habiendo guerras?

2.5.1.- Sobre el pueblo y los soldados

Hay un hecho que nadie pone en duda: siempre el más perjudicado en las guerras es el pueblo, que no es más que el tonto útil de todas ellas. Sólo mueren soldados del pueblo, sólo se destruyen propiedades del pueblo, sólo quedan perjudicadas las mujeres del pueblo, ya que los ricos y poderosos siempre buscarán (y encontrarán) fórmulas para librarse de la quema, para obtener amplios beneficios y para mirar los toros desde la barrera.

¿Cómo podemos imaginar a un país como EEUU, supuestamente democrático, iniciando guerras en Irak, buscando confrontaciones con aquellos países en los que sus intereses económicos de sus grandes empresas están en peligro?

¿Y cómo podemos imaginar a ese ejército de EEUU de más de dos millones de personas jóvenes deambulando por todos los océanos y por todos los continentes en busca de razones para pelear?

Sólo hay un argumento: las grandes empresas armamentísticas americanas y otros miles de otras empresas que trabajan para ellas directa o indirectamente, además de las tecnológicas, financieras y logísticas, han participado activamente en las "elecciones democráticas" estadounidenses para colocar como presidente del país más rico del mundo a una persona que lógicamente defiende y apoya sus intereses.
Los cientos de miles de personas que han muerto en Irak y Siria no tienen valor para USA, los millones de desplazados ni perjudican ni ayudan a USA ya que para sus dirigentes y grandes empresarios la muerte del pueblo es un "daño colateral", precio que deben pagar los países "favorecidos por su ayuda" para la defensa de la democracia y éste es su argumento, la perversa mentira que Estados Unidos nos vende.

La guerra tiene muchas versiones, pero la verdadera, la más dura y la más cruel, es la del pueblo, la de las personas que son "carne de cañón", la de quienes la viven en el frente y la de quienes la sufren cuando la viven en su propia tierra. La mayoría de los soldados vuelven de la guerra absolutamente inutilizados, destrozados, muchos en su cuerpo, pero muchos más en sus mentes y almas y son éstos últimos los que realmente más sufren. También son ellos los peor aceptados por las élites indiferentes y egoístas de la sociedad, que, de forma cínica, condecoran a unos pocos, ensalzan a los muertos y se despreocupan de los débiles soldaditos que vuelven como muñecas rotas.

Pero, claro, no es la sociedad la que actúa de esta forma, sino quienes regentan esa sociedad, esos políticos o dictadores que alimentan los conceptos de "patria, nación, estado, nacionalismo y heroísmo "para mantener al pueblo en la triste convicción de estar muriendo en las guerras por algo que merece la pena defender". A través de estos mecanismos, la violencia se transforma en una actividad humana con un propósito considerado digno de sacrificio.

Los daños colaterales no importan al gigante americano. Y siempre es el pueblo el que paga las consecuencias.

Es noticia de esta semana la caída del régimen dictatorial sirio de los últimos 50 años, la huida de la "familia real" a Rusia con una gran fortuna, la apertura de las cárceles con muchos miles de cadáveres y el ánimo positivo de "todas las fuerzas políticas del país" para conseguir una sociedad política y económicamente aceptable con la vuelta de los millones de emigrados actuales. ¡Ojala!

La política de guerra, como nos lo expone Hillary Mantel en su obra "La sombra de la guillotina" es siempre una conspiración contra el pueblo.

2.5.2.- ¿Quién desea la guerra?

¿La puede desear el pueblo que necesita sacrificar a sus hijos en la misma? ¿La pueden desear las madres, las novias, los hijos que ven a sus seres queridos marchar sabiendo que parte de ellos nunca volverán? ¿Quién, pues, puede desear una guerra?

La guerra la pone en marcha siempre solo quien espera sacar provecho de ella. Esa es la única respuesta: Los señores de la guerra son exclusivamente quienes de una u otra forma de ella se benefician. La guerra y el comercio no son sino medios diferentes de conseguir el mismo objetivo, que es el de poseer aquello que se desea. El comercio es una tentativa para obtener de buena voluntad aquello que no se espera obtener por la violencia. Pero un hombre que siempre fuese el más fuerte nunca tendría la idea de comerciar, ya que le bastaría con dominar al débil.

Cuando USA ataca a IRAK, cuando el ejército de Arabia Saudí ataca Yemen, cuando los judíos bombardean Gaza y Cisjordania, cuando Putin invade Ucrania, cuando Hitler ataca Polonia, en todos los casos, siempre hay una causa, solo una y única: obtener un beneficio económico y un incremento de poder, una ventaja para unas pocas personas que nunca arriesgan sus vidas ni sus haciendas.

Con el mismo razonamiento, quienes jamás pueden desear la guerra son todos aquellos incautos, soldados rasos o de baja graduación, que van a la guerra en defensa de la nación o patria, en defensa de unos ideales extraños o en defensa de los principios religiosos que les han vendido como causa suficiente, cuando en realidad no dejan de ser sino hábiles subterfugios dirigidos a ocultar las verdaderas causas.

Pero lo que realmente no puede dejar de asombrarnos es que miles y millones de personas, supuestamente con capacidad racional suficiente, se dejen "CONVENCER" sobre los supuestos beneficios que esta o la otra guerra pueden conseguir. Lógicamente este supuesto convencimiento nunca se consigue ni se pretende y las decisiones de iniciar una guerra jamás son democráticas sino unipersonales de quien se siente con el poder suficiente, es decir, de un dictador que busca, con el mínimo riesgo posible y seguro de su superioridad militar, ampliar su poder y fortuna.

Como escribió Machado: "En España lo mejor es el pueblo. Siempre ha sido lo mismo. En los trances duros los señoritos invocan la patria y la venden; el pueblo no la nombra siquiera, pero la compra con su sangre y la salva"

2.5.3.- ¿Cómo, entonces, nos dejamos engañar?

¿Por qué siguen existiendo las guerras entonces? ¿Por qué seguimos siendo tan fácilmente engañados? ¿Por qué unos pocos son tan capaces como para que la inmensa mayoría del mundo siga dando vueltas a su alrededor y no comprenda que sigue siendo pérfidamente engañada y manipulada?

Como no me canso de repetir, hemos de reconocer que el ser humano es un animal gregario por su propia naturaleza, es un animal socializado y tendente a la inercia de dejarse conducir por esos pocos a quienes considera sus líderes o sus jefes o, simplemente, quienes ostentan el poder. Y así ha sido siempre, o, al menos, los últimos 12.000 años de esta historia que estamos empezando a reconocer como nuestra, aunque en realidad, como ya lo he expuesto, solo hayamos sido los animales de carga utilizados y tantas veces sacrificados por esos pocos "poderosos" que aún figuran en "nuestros libros de historia" como los protagonistas, cuando deberían aparecer como lo que siempre han sido: los dictadores que han explotado a la inmensa mayoría de los Homo Sapiens que coincidieron con ellos.

Una conclusión clara es que el Homo Sapiens necesita de la seguridad antes que de la libertad y para sentirse seguro y para sentir segura a su familia siempre, a lo largo de los últimos 12.000 años, ha preferido fiarse y entregarse a líderes "fuertes" y aparentes defensores de los intereses del pueblo, aún a costa de ceder toda su libertad.

El ejemplo de Hitler es paradigmático, pero en la actualidad del siglo XXI nos estamos encontrando con una vuelta a situaciones que creíamos superadas: un buen número de países que considerábamos atraídos a la democracia están optando por líderes "fuertes" y con maneras dictatoriales y el ejemplo más evidente es el de Donald Trump.

Las guerras siempre se hacen en nombre de causas grandiosas y huecas (grandes consignas y trapos de colores) que se revelan más burdas y viles cuando más cerca del combate se está. Las guerras casi siempre se justifican en nombre de Dios y de la patria, pero siempre se llevan a cabo exclusivamente para hacer más poderosos a los hombres que ya lo eran demasiado antes de provocarlas. Nunca es el pueblo quien toma decisiones, sino quien las acepta y las obedece. Tantas personas utilizan las banderas, los dioses, las patrias, las lenguas o las razas con el objetivo único de obtener dinero y poder, sin preocuparles que este mundo se convierta en un lugar más miserable.

Y son siempre suficientes el "miedo ancestral al diferente" y su conversión en enemigo o la tergiversación de los conceptos "nosotros y ellos", para que el pueblo actúe y participe en las guerras, de las que siempre sale perdiendo.

Ese pueblo tan fácil de dirigir y tan difícil de educar.

Al mismo tiempo, una inteligencia tan capaz y tan mal utilizada también ha sentado las bases para el desarrollo de técnicas de guerra más elaboradas. Sin embargo, un requisito previo es que las personas se liberen de la presunción cínica, autoengañosa y, de hecho, científicamente insostenible de que nuestra especie está biológicamente condenada a una violencia incesante.

Y somos nosotros quienes en primer lugar debemos tomar conciencia de los hechos y de las verdades sobre la utilización que hacen los poderosos de "nuestra falta de respuesta", "ineptitud", "estupidez" o simplemente "dejadez".

Y en segundo lugar, también somos nosotros quienes debemos explicar con claridad, pero sin tapujos, esta realidad a todos los que quieran y/o puedan aprender de ella.

Es decir, todos.

2.6.- La política impuesta por la guerra

El filósofo e historiador Michel Foucault esgrime que la política no es más que la continuación de la guerra por otros medios, lo cual tiene como consecuencia que el poder político prorroga los efectos de la última batalla y los desequilibrios que la guerra genera. Los acontecimientos posteriores en época de paz no serían sino resultados de la guerra.

Ésta es la hipótesis de Nietzsche para quien: "Poder significa dominación y la vida es un corolario de la guerra. Igualmente, la sociedad sería una consecuencia de la guerra"

En mi opinión, como ya lo he expuesto con anterioridad, son las Tres Leyes de la Naturaleza Humana las que mejor explican el proceso de la guerra, desde sus causas hasta sus consecuencias, que son las de la imposición de los criterios y leyes del vencedor por la fuerza.

El ejemplo lo tenemos en el reparto de Europa tras la segunda guerra mundial entre EEUU y la URSS con sus respectivas filosofías sociales y económicas como áreas de dominio e influencia. Para Henry Kissinger la teoría realista del poder residiría en la lucha constante y perpetua por el poder.

Podemos concluir que los mecanismos de poder son, fundamentalmente, mecanismos de represión y contra los mismos debemos buscar fórmulas de resistencia basadas en una democracia plena, controlada por unos verdaderos representantes del pueblo, quienes, a su vez, deben estar permanentemente vigilados para evitar las desviaciones habituales hacia el abuso de poder.

Podemos numerar, entre otras, algunas formas de resistencia al poder represivo como:

1.- La lucha por una educación que potencie las capacidades humanas como el pensamiento crítico, el respeto a la dignidad de todos y cada uno de los seres humanos, el conocimiento real de nuestra historia y nuestra realidad social, etc.

2.- La lucha contra cualquier política que defienda y apoye mecanismos de dominación étnicos, sociales y religiosos.

3.- La lucha contra quienes fomentan el incremento de las desigualdades mediante la explotación económica y social

4.- La lucha y la resistencia contra las instituciones que afianzan valores y cimentan una subjetividad, a la cual el individuo se encuentra consciente o inconscientemente vinculado, que pueden ser conceptos como "nación, tradición, lengua…etc.", que nunca deben convertirse en excluyentes.

III.- ¿EXISTE UNA GUERRA LÍCITA O JUSTA?

3.1.- ¿Es posible legislar la guerra?

Los conflictos armados pueden caracterizarse por un intenso salvajismo, y se han hecho en los últimos 100 años repetidos esfuerzos para crear códigos de conducta, restricciones legales e instrumentos internacionales para prevenir los peores excesos, aunque con éxito muy relativo.

A.- Código de Hammurabi

Cincelado en una roca de basalto, el Código de Hammurabi hacia el 1700 a.C. fue el primer texto legal escrito sobre el derecho de la guerra.

B.- Santo Tomás de Aquino (1224-1274)

Fue un fraile teólogo, filósofo y jurista católico italiano de la Orden de los Predicadores considerado como principal representante de la Escuela Escolástica.

La guerra según Santo Tomás de Aquino (jus ad bellum) debe ser una guerra justa tanto en las razones para ir a la guerra como en la forma en que se libra. Según Aquino:

Hay razones justas para iniciar la guerra si:
1.- La guerra es declarada por la autoridad gobernante adecuada.
2.- La guerra se libra por una causa justa, que puede incluir la legítima defensa o una respuesta a una injusticia.
3.- La guerra se libra por intenciones justas, lo que significa que no debe librarse por interés propio, sino por justicia o por un bien común.

A ellas hay que añadir las siguientes para que sea justa:
4.- Debe haber una probabilidad razonable de éxito.
5.- El bien que se logrará debe superar al mal.
6.- La guerra debe ser el último recurso.

La conducta en la guerra (jus in bello) también debe ser justa y ello significa que debe ser específica y proporcional, es decir, los no combatientes y los civiles no deben ser atacados deliberadamente, solo debe ser utilizada la fuerza que sea necesaria y los daños deben ser proporcionales al objetivo perseguido.

Realmente admirable para un fraile del siglo XIII.

C.- EL jurista Rudolf con Ihering´(1818-1892)

Sostuvo que la fuerza es la base del derecho y que el derecho sin la fuerza es una utopía. Porque el derecho debe dedicarse a la lucha contra la injusticia. "Todo derecho en el mundo debió ser adquirido por la lucha, por lo que todo derecho supone que el individuo y el pueblo deben estar dispuestos a defenderlo. El derecho no es una idea lógica, sino una idea fuerza."

D.- Derecho Internacional Humanitario (DIH)

Algunas de las teorías de la guerra justa han sido adoptadas como partes de acuerdos internacionales e incorporadas al derecho de la guerra, es decir, al derecho internacional, que regula el recurso a la fuerza armada, la conducción de las hostilidades y la protección de las víctimas de la guerra. El derecho de la guerra es un conjunto de leyes internacionales que establecen lo que se puede y no se puede hacer en un conflicto armado.

E.- Los Convenios de Ginebra

Las normas más conocidas y aceptadas del derecho de la guerra se encuentran en las cuatro Convenios de Ginebra de 1949, ratificados por 196 países. Se determina lo que se puede y no se puede hacer durante un conflicto armado. Los Convenios de Ginebra son una serie de tratados internacionales diseñados para proteger a los no combatientes y prisioneros de guerra. Se negociaron entre 1864 y 1977.

Primer y segundo Convenios: se aplican a los soldados y marineros enfermos y heridos. Contienen disposiciones relacionadas con la protección de los heridos y enfermos, así como del personal médico y los transportes.

Tercer convenio: Se aplica a los prisioneros de guerra y exige un trato humano, incluyendo la alimentación y el agua adecuados.

Cuarto convenio: Se aplica a las personas en territorios ocupados y prohíbe la tortura y la toma de rehenes, así como disposiciones relacionadas con la atención médica y los hospitales.

Hay que considerar que hubo países que no firmaron la aceptación de la CPI: Bahamas, Cuba, Chile, Estados Unidos, Haití, Jamaica, Santa Lucia, Granada, Guatemala, Nicaragua, El Salvador y Surinam

F.- Reglas de guerra aceptadas por la ONU

1.- Primera regla de guerra (lo que se puede hacer)

Es impedir la capacidad del enemigo para luchar: Se puede hacer de muchas maneras:
- Matar a los soldados del enemigo
- Destruir los bienes materiales del enemigo
- Paralizar la logística y las líneas de suministro del enemigo
- Interrumpir las comunicaciones del enemigo, etc.

2.- Segunda regla (lo que no se puede hacer en la guerra)

Se prohíbe:
- Atacar a la población civil
- Negar asistencia a enfermos y heridos, con independencia del bando
- Negar alimentos y agua a los detenidos
- Negar la comunicación de los detenidos con sus seres queridos

G.- Crímenes de guerra

Este concepto se desarrolló en los juicios de Nuremberg y se definió en la Carta de Londres (8.08.1945).

Se consideran como crímenes de guerra:
- Los asesinatos de rehenes
- Los malos tratos a prisioneros de guerra
- La deportación para trabajos esclavos,
- Las torturas o tratos inhumanos, incluidos experimentos biológicos
- Los genocidios

H.- Delitos de lesa humanidad: nunca prescriben

Se llaman así a los delitos cometidos durante actos de guerra y que consisten en consumar una serie de hechos como parte de un ataque generalizado o sistemático contra la población civil general o contra parte de ella.

En todo caso los delitos y crímenes de lesa humanidad que se cometen contra personas:
- Por pertenecer la víctima a un grupo o colectivo perseguido por motivos políticos, raciales, nacionales, étnicos, culturales, religiosos, de género, discapacidad u otros motivos universalmente reconocidos como inaceptables con arreglo al derecho internacional.
- En el contexto de un régimen institucionalizado de opresión y dominación sistemáticas de un grupo racial sobre otro o más grupos raciales, con la finalidad de mantener dicho régimen.
- Y todos aquellos ilícitos de derecho internacional, por ejemplo, los crímenes de guerra, el genocidio, la agresión, la trata de personas, el narcotráfico, la desaparición forzada, el homicidio, la deportación sin motivos autorizados, los actos de violencia sexual y de género, la esclavitud, la tortura, la violación, el exterminio y el traslado forzoso de población, entre otros.

Ejemplos
- Los crímenes del apartheid en Sudáfrica de 1948 a 1992
- La limpieza étnica en la antigua Yugoeslavia en 1993
- El genocidio de Ruanda en 1994

I.- La CPI: Tribunal Internacional de La Haya o Corte Penal Internacional

Es un tribunal internacional permanente que se encarga de aplicar las normas o reglas de la guerra, es decir, de investigar y juzgar a las personas acusadas de crímenes de guerra y de otros crímenes graves como el genocidio, crímenes de lesa humanidad y el crimen de agresión.

Se consideran acciones punibles por la CPI, sin ánimo exhaustivo, las siguientes:
- Producir la muerte a una persona
- Cometer una violación
- Cometer cualquier agresión sexual
- Producir lesiones del artículo 149 y del 147 del Código Penal
- Deportar o trasladar a la fuerza
- Forzar el embarazo de una mujer para modificar la composición étnica
- La desaparición forzada de personas
- Detención de personas sin derecho
- Cometer tortura sobre personas
- Conductas relacionadas con la prostitución
- Someter a esclavitud a personas, etc.

Se pueden considerar por este Tribunal como sujetos activos de un delito de lesa humanidad
- Los Estados.
- Los particulares, instigados por el Estado o con su permiso.
- Las personas o grupos que actúan ejerciendo poder político.

J.- ¿Pero son eficaces estos conceptos en la actualidad?

No

Los fines del derecho son la paz y la justicia, vocablos polisémicos (pluralidad de significados), por eso la guerra supone la suspensión del derecho. Ejemplos de ello los tenemos en las dos guerras más cruentas del año 2024: La de Rusia contra Ucrania y la de Israel contra Gaza. En ninguna de las dos se respetan ni los Convenios de Ginebra ni Derecho alguno ni las normas o reglas de guerra que deberían ser aplicadas conforme al Tribunal Internacional de La Haya.

En ambas guerras quienes abusan y crean sus propias normas absolutamente crueles y en contra de los derechos humanos son los más poderosos, es decir, Rusia y Estados Unidos, y ahora llega Trump que respalda sin ningún tipo de tapujos por medio del "lobby judío" estadounidense a Israel aportando todas las armas que le pide y saltándose todas las legislaciones vigentes sobre la guerra a nivel mundial.

3.2.- ¿Existe la guerra lícita?

A.- Principios clave

Los Convenios de Ginebra consideran que para iniciar cualquier agresión bélica se deberían respetar los tres principios clave de las reglas de la guerra que serían la base para otros principios del derecho de la guerra (como la distinción y la proporcionalidad) y la mayoría de las normas convencionales y consuetudinarias del derecho militar. Estos tres principios fundamentales serían los siguientes:

- Necesidad militar
- Humanidad
- Honor

Parece una caricatura de la realidad mundial.

B.- ¿Cuándo se justifica una guerra?

Hay pensadores y expertos, aunque sin unanimidad ni criterios mayoritarios definitivos, que opinan que una acción bélica o guerra solo se puede justificar en las siguientes circunstancias:

Para defender a personas inocentes
Para restituir bienes injustamente arrebatados
Para castigar acciones punibles
Para defenderse de un ataque o
Para evitar un ataque con el que se ha amenazado

Como bien puede reflexionar cada uno de los lectores, las palabras y los conceptos arriba expuestos son de amplia versatilidad o capacidad de adaptarse a diversas circunstancias en función de los intereses o interpretaciones de cada cual.

Nuestra opinión es que una guerra nunca se puede justificar y en todos los casos sin excepción habrá al menos una parte más culpable o responsable de su origen y desarrollo. En caso contrario, tendríamos que volver a identificar al pueblo en la categoría de "animales sustituibles y sin derechos" cuando los intereses de los poderosos están en juego.

C.- ¿Por qué nunca es justificable la guerra?

Porque siempre lo prioritario que debemos proteger en nuestra calidad de seres humanos es a todos y cada uno de los individuos, hombres, mujeres y niños, sin excepción alguna y ello supone que hemos de priorizar todo lo que a ellos concierne sobre los intereses económicos y de poder de quienes ostentan cualquier responsabilidad.

Debemos preocuparnos de:
- La vida
- La libertad personal
- La integridad física y mental
- La igualdad y
- La dignidad de todos y cada uno de ellos.

D.- ¿Existe la guerra lícita?

Existe el derecho natural de autodefensa o de legítima defensa contra el enemigo exterior cuando éste ataca injustamente a un pueblo y las condiciones adicionales para que sea lícita una guerra deben ser las siguientes:

- Que haya una injusticia real, verdadera y de gravedad
- Que haya inviabilidad de defenderse por vía pacífica
- Que haya perspectiva y esperanza de éxito final
- Que se pueda evitar así un perjuicio mayor a inocentes

La defensa de las personas, según mi criterio, prevalece sobre cualquier derecho del agresor.

E.- Guerra ilegal

Según el artículo 2 de la Carta de las Naciones Unidas amenazar o utilizar la fuerza contra otro Estado es ilegal. En ese sentido, es lo mismo que decir que la guerra es ilegal según el derecho internacional.

F.- Funciones de los militares en épocas de paz

Mantenimiento de la paz
Consolidación de la paz
Respuesta a desastres
Ayuda humanitaria
Ingeniería militar
Aplicación de la ley
Control de armas
Disuasión y
Multilateralismo (trabajo conjunto con otros países).

Como podemos comprobar en la vida real, cada vez que un poderoso, llámese Putin, Netanyahu o Trump, todos estos Convenios, Reglas y Justificaciones se convierten en "papel mojado" que no sirve, hablando claro, ni para limpiarse el …o.

Mientras no seamos capaces entre todos, y para ello son más imprescindibles las mujeres que los hombres por ser más astutas e inteligentes, de crear mediante una educación adecuada y una organización política participada por todos y para todos una DEMOCRACIA VERDADERA, seguiremos siendo utilizados y vapuleados por "los de siempre", los "nobles abusones" basados en su riqueza y su poder.

¡ESTA ES LA ÚNICA VERDAD!

IV.- REFLEXIONES SOBRE NUESTRA HISTORIA

4.1.- Mirándonos al espejo

Nuestra Historia es la que debe enseñarnos el camino. Solo hemos de reflexionar sobre la evolución de los ciudadanos del mundo desde la aparición de la escritura hasta hoy. Como hemos analizado en los ensayos sobre el racismo, la esclavitud y las migraciones, el noventa y ocho por ciento de la población mundial ha pasado por distintas fases hasta la actual, que, sin comparación alguna, es la mejor de toda la Historia.

En demasiadas ocasiones, y en el siglo XXI mucho más por las redes sociales, tendemos a fijarnos en aquello que nos falta, en los errores ajenos, en lo que otros tienen y nosotros no, en las carencias en sanidad, educación y servicios sociales que supuestamente padecemos, pero nadie nos recuerda esa HISTORIA REAL que nosotros mismos hemos vivido.

4.2.- Miremos hacia el pasado con objetividad.

En la "dorada época griega y romana", de la que últimamente nos vienen a mostrar por la TV las villas y edificios tan estupendos de Pompeya y sus calles de piedra con abrevaderos para los animales e imponentes bajorrelieves y murales, hemos de recordar que entre el 30% y el 35% de la población estaba formada por esclavos y entre el 60% y el 65% por un pueblo absolutamente analfabeto y en pobreza extrema, formado por siervos, que buscaban la salida en el ejército, con obligación de permanecer en el mismo una media de 20 años. Al principio el botín de guerra era para el Estado, pero con el tiempo se normalizó el reparto entre los soldados.

En la Edad Media Europea, al igual que en casi todo el resto del mundo, solo una minúscula parte de la población, los nobles, podían disfrutar de la vida y el 95% de la población habían pasado a una situación de servidumbre, muy similar al esclavismo, ya que sus dueños lo eran tanto de sus haciendas como de sus vidas. En países como Corea y con menos intensidad en el resto de Asia y África el esclavismo fue un sistema comúnmente utilizado.

El 90% de las gentes eran campesinas con un régimen de subsistencia, sin médicos, educación ni servicio social alguno por parte de los poderosos, quienes se arrogaban el derecho de los servicios de las poquísimas personas, en su mayoría formados en monasterios, que poseían los conocimientos mínimos para tratar enfermedades o hacer curas.

Hasta principios del siglo XIX poco cambió la deplorable situación social y económica del pueblo llano, que desde 10.000 años antes de Cristo hasta el siglo XVIII después de Cristo fue considerado más como un animal del que había que sacar todo el provecho posible, que como un ser humano digno de derechos.

La Revolución Francesa y su Declaración de Derechos Humanos ayudó de forma singular a cambiar radicalmente el concepto de HUMANIDAD y UNIVERSALIDAD del ser humano, aunque primero el del hombre y un siglo más tarde el de la mujer.

4.3.- ¿Cómo nos lo han contado?

En la Historia redactada hasta hace muy poco tiempo por los servidores de los poderosos de turno siempre aparece el pueblo como artífice de cuantas rebeliones y ataques contra las reglas establecidas se han conocido, además de responsable de cuantas tropelías de todo tipo han ocurrido en la Historia.

Era "la verdad" contada siempre con la mirada interesada del quien la narraba, buscando las excelencias del rey, emperador o príncipe dictador, que era también quien dictaba lo que había que poner por escrito, utilizando la exageración y el engaño a sabiendas que no podía existir otro narrador entre el ignorante pueblo.

¿Alguno de ustedes recuerda haber estudiado las proezas del pueblo español, del inglés o del francés?

¿En algún momento histórico el pueblo llano fue capaz de conseguir algo que mereciera la pena?

¿Fue la Revolución Francesa dirigida por el pueblo?

No

La historia y las leyes no se inventaron para contar los derechos del pueblo, sino en todo caso, sus obligaciones de defender los castillos del Señor, del Conde o del Príncipe, aunque sus aldeas, sembrados, casas o propiedades de los labradores las arruinara el ejército de turno.

4.4.- El gran cambio en el siglo XIX

Muchos historiadores actuales se empeñan en considerar la primera época de la Revolución Industrial como caótica, esclavista, dañina, opresiva y brutal para el pueblo que proviniendo de las aldeas rurales se dirigió a las ciudades para trabajar en sus nuevas fábricas en condiciones durísimas, yo valoro esa época como la más fundamental y revolucionaria para la transformación del mundo, primero el occidental y ahora ya del resto.

Los campesinos llevaban desde el fin del Imperio Romano de Occidente nada menos que 1.300 años de servidumbre en Europa bajo el mando esclavizante de los señores feudales y de los reyes dictatoriales, sin salida alguna posible. Trabajaban sus campos y cuidaban sus ganados, que en realidad ni siquiera eran suyos sino del noble del lugar, sufrían hambrunas, eran saqueados cada dos por tres, sobrevivían teniendo docenas de hijos, de los que menos del cincuenta por ciento llegaban a la edad fértil, etc.

Esa es la Historia que nadie quería recordarnos, porque en ella solo había unos pocos responsables de la miseria general: los nobles.

La Revolución Industrial, con sus rigideces y sus enormes abusos en el trato tanto de los niños como de las mujeres y los hombres y con sus bajísimos salarios que solo permitían la supervivencia, fue la salvación, la revolución verdadera de la humanidad, tan importante, según mi criterio, como la revolución francesa. Según mi criterio, la suma de ambas, junto con la Ilustración y el capitalismo subsiguiente fueron los cuatro factores fundamentales que provocaron el cambio social que ha hecho posible la democracia y la consecución de un nivel diferente de vida para cada vez más amplios ámbitos de población.

¿Por qué?

Por lo que ha supuesto en la evolución social, educacional, política y económica de la Humanidad.

Pero analicemos los cuatro elementos esenciales del cambio de la sociedad feudal dictatorial hacia el desarrollo social, político y económico de la inmensa mayoría de los seres humanos, aunque, como más adelante explicaré, sus capacidades mentales no se hayan desarrollado al mismo ritmo por falta de una educación adecuada. Hemos crecido en muchos aspectos pero nuestras mentes se han quedado retrasadas e inadaptadas para el mundo en el que vivimos, hasta el punto de que la inmensa mayoría de las personas seguimos controladas y guiadas por unos, muy pocos, psicópatas que siguen utilizándonos como ganado listo para el matadero.

A.- Revolución cultural:

A.1.- El Renacimiento

A lo largo de la historia de la humanidad, la tercera ley de la naturaleza humana (la permanente insatisfacción con lo que se tiene y se sabe) nos ha llevado a generar revoluciones culturales que han inducido muchas revoluciones políticas y económicas. Con la influencia del movimiento renacentista, se va sustituyendo en las altas élites culturales de Europa la interpretación bíblica de los hechos humanos, por otra muy diferente, que postula por la veneración a la ciencia, a la humanidad o a los impulsos de la naturaleza.

El principal efecto del Renacimiento fue posicionar al hombre en su sentido más amplio en el centro del universo, destituyendo a Dios. El segundo efecto principal fue el reconocimiento de la ciencia y la tecnología como las áreas del desarrollo futuro, en contraposición con la teología y el estudio de la Biblia. Eduard Punset nos lo explica con estas palabras: "Dios se hace cada vez más pequeño y la ciencia se hace cada vez más grande."

El hombre empieza a preocuparse realmente del propio hombre, dejando a los clérigos los temas bíblicos y relacionados con la fe, en la seguridad de que la ciencia y la fe pueden andar por caminos paralelos. Los religiosos presentan batalla siempre que pueden e intentan por todos los medios desprestigiar los nuevos conocimientos científicos imputando incluso responsabilidades heréticas (por ejemplo, en el caso de Galileo) a quienes demuestran que los hechos narrados en la Biblia son simbólicos y no reales.

En unos países la liberación individual frente a las presiones tradicionales de la Iglesia y los reyes fue más rápida y en otros, como España, mucho más lenta, en función de la presión realizada por el binomio Estado-Iglesia. Desde finales del siglo XVIII hasta los años 70 y 80 del siglo XX, el camino de la cultura fue el que posibilitó la liberación individual frente a las presiones tradicionales de la Iglesia y los reyes.

A.2.- Definición de Ilustración

El término Ilustración se refiere específicamente a un movimiento cultural e intelectual histórico y fundamentalmente europeo, que nació a mediados del siglo XVIII (aunque con precedentes en Escocia e Inglaterra desde finales del siglo XVII) y que duró hasta los primeros años del XIX. Inspiró profundos cambios sociales y culturales y la Revolución Francesa.

Desde Gran Bretaña, donde algunos de los rasgos esenciales del movimiento se dieron antes, la Ilustración se asentó en Francia, donde produjo un cuerpo ideológico, el enciclopedismo, y sus más reconocidas personalidades: Montesquieu, Diderot, Rousseau, Voltaire, Buffon y otros.

Como nos lo expone Juan Eslava Galán en su obra "Historia del mundo para escépticos", la Ilustración decretó la libertad de conciencia y se inició la discusión sobre las dos principales lacras de la sociedad: La religión y el gobierno tiránico.

En el campo de la economía Adam Smith realizó valiosas aportaciones como el "PRINCIPIO DEL EGOÍSMO" como motor económico: Las personas siempre buscarán la riqueza para satisfacer sus propios deseos.

En 1751 se inició la andadura de "La Enciclopedia" para recoger toda la ciencia experimental, las técnicas y oficios, la religión, el orden social y la política. Priorizando siempre y por encima de todo "el conocimiento es progreso". En 1772 se dio por terminado.

Ahora bien, la filosofía ilustrada más sólida fue sin duda la más tardía, la alemana con Kant, creando el pensamiento propiamente moderno. El propio Kant la definió así: "La ilustración significa el abandono del hombre de una infancia de la que el mismo es culpable. Infancia es la incapacidad de usar la propia razón sin la guía de otra persona. Esta puericia es culpable cuando su causa no es la falta de inteligencia, sino la falta de decisión o de valor para pensar sin ayuda ajena". "Sapere aude". "Atrévete a pensar". He aquí la divisa de la Ilustración" Se resume en el lema adoptado por KANT y publicado en 1784. Su fuerza reside en liberar al ser humano para que use la inteligencia por sí mismo.

¿No deberíamos volver a ella este año 2025?

Este tipo de pensamiento se expandió en la burguesía y en una parte de la aristocracia a través de nuevos medios de publicación y difusión. La Ilustración tuvo una gran influencia en aspectos científicos, económicos, políticos y sociales de la época.

Características de la Ilustración

a.- Antropocentrismo: La fe se traslada de Dios al hombre: hay confianza y optimismo en lo que éste puede hacer y se piensa que el progreso humano es continuo e indefinido.

b.- Racionalismo: Todo se reduce a la razón y la experiencia y lo que no puede razonarse o experimentarse, no puede ser creído.

c.- Hipercriticismo y reformismo: no se admite ningún conocimiento sin crítica. Se desdeña la superstición e incluso por muchos la religión, que se consideran signos de oscurantismo.

d.- Pragmatismo: Sólo lo útil merece hacerse e incluso consideran que la literatura y el arte deben tener un fin útil.

e.- Imitación de lo clásico (Neoclasicismo)

f.- Universalismo: Se asume una tradición cultural cosmopolita y se funden todo tipo de tradiciones en la horma grecoromana.

g.- Ateísmo: Se critican muchos conceptos religiosos intentando eliminar cualquier resto de superstición, se examinan con ojo crítico la historia de la Iglesia y se dan las primeras formulaciones de ateísmo.

La Ilustración decretó la libertad de conciencia y fue uno de los acontecimientos históricos más saludables de la humanidad al conseguir poner al hombre definitivamente como centro de la historia y apartando el concepto de Dios de ese lugar. Las ideas de la Ilustración crearon raíces en Occidente: la democracia, la abolición de los privilegios y la libertad de los pueblos. Los historiadores consideran esta etapa como la columna que sostiene las bases de la sociedad actual y el origen del pensamiento revolucionario. Se pueden considerar como consecuencias de la Ilustración en la sociedad actual:

a.- Como primera cultura laica de la historia de Europa, traslada la religión a segundo plano y por primera vez busca un sentido a la humanidad fuera de las religiones. Las virtudes cristianas se transforman en virtudes laicas.

b.- Las principales corrientes de pensamiento se trasladan al empirismo y al racionalismo. Se considera que la lógica y la inteligencia deben iluminarlo todo.

c.- Se establecen las bases para la democracia moderna como hoy la conocemos.

d.- Se realizan cambios sustanciales en el análisis astronómico, matemático y físico que transformarían la concepción del Universo

e.- Se cambia radicalmente el concepto de la felicidad humana, considerando que la Naturaleza ha creado al hombre para ser feliz, pero asentando la felicidad en conceptos absolutamente nuevos como la propiedad privada, la libertad y la igualdad.

Y la Ilustración es la revolución pendiente en el mundo musulmán, aunque también está infravalorada y casi olvidada en el supuesto mundo desarrollado occidental y oriental. Debemos despertarla.

¿Por qué entonces en los países más desarrollados nos hemos olvidado de aplicar el lema de la ILUSTRACIÓN, el lema adoptado por KANT? Debemos ponerlo delante nuestro y repetirlo mil veces al día:
"SAPERE AUDE"   "ATRÉVETE A PENSAR"

B.- La revolución francesa

B.1.- Antecedentes y hechos

Los inductores de la Revolución Francesa no fueron los movimientos populares sino la burguesía y la aristocracia liberal: marqueses de Mirabeau, Lafayette y otros. Los burgueses y los aristócratas soliviantaron al pueblo y éste, que no tenía nada que perder, asaltó la Bastilla. El estallido de la Revolución Francesa es considerado como uno de los acontecimientos históricos más importantes de la historia universal.

Las circunstancias y causas que generaron la Revolución Francesa, según los expertos, podemos resumirlas así:

- Había habido varias temporadas flojas en los cultivos y muchos campesinos franceses se encontraban con problemas..
- La burguesía se sentía desplazada de las decisiones sobre la economía y la sociedad francesa
- La monarquía casi absolutista estaba económicamente arruinada y tuvo que solicitar el apoyo de la nobleza y la burguesía para intentar rellenar sus vacías arcas
- La nobleza consideró la solicitud del rey como una oportunidad única para minar su poder
- Las ideas de la Ilustración estaban calando fuertemente en la burguesía mejor preparada y más rica e incluso en muchos nobles.

Sin embargo, Alexis de Tocqueville, pensador del siglo XIX, señaló que la revolución de 1.789 no ocurrió en un momento de miseria, sino después de décadas de mejoras que, sin embargo, se habían estancado. Es decir, las convulsiones históricas ocurrirían en momentos de un cierto bienestar, pero con las expectativas de mejora estancadas. Tocqueville consideraba que cuanto mayor es la igualdad, mayor es el descontento, "porque al no estar muy lejos de los demás, piensan que deberían ser iguales a los demás", resume Le Bras.

Es evidente que nos encontremos en el año 2025 en una situación socio – económica similar, en un momento de bienestar, pero con expectativas estancadas y que tenemos pendiente esa revolución basada en el "sapere aude" "atrévete a pensar" del siglo XXI si no queremos que los "hombres fuertes" y psicópatas de nuestra época, los Putin, Xi, Orbán, Trump, Miley y compañía conviertan nuestro planeta en irreconocible y degradado.

B.2.- Aportaciones más significativas de la Revolución Francesa:

1.- La Declaración de los Derechos del Hombre: Fue aprobada el 26 de agosto de 1.789 por la Asamblea Nacional Constituyente. La Declaración de los Derechos del Hombre y del Ciudadano: Cada hombre (no las mujeres) nace y permanece libre e igual en derecho a todos los demás. Por primera vez en la historia el hombre se declara acreedor de derechos por el único hecho de haber nacido.

2.- La concepción de la República: Basada en un solo principio explícito enunciado en el apartado cuarto del artículo 2 de la Constitución: "Gobierno del pueblo, por el pueblo y para el pueblo". Otro concepto que se está resintiendo en los países supuestamente democráticos.

3.- La abolición de la Monarquía: El 21 de septiembre de 1.792 la Asamblea francesa proclamó la abolición de la monarquía, siendo un antecedente histórico fundamental a nivel mundial.

4.- La idea de la existencia de una constitución: A la que debían someterse todos los actos de gobierno, incluyendo los de los reyes, quienes perdían automáticamente su poder absoluto vigente hasta esa fecha.

5.- El sufragio universal masculino: La Asamblea Nacional promulga el sufragio universal masculino en 1.792.

6.- El contrato social que establece la libertad e igualdad de todos los hombres bajo un Estado: La Revolución Francesa declaró que todos los hombres nacen iguales y que son libres. Conviene recordar que nunca incluyó la Revolución Francesa a las mujeres como tenedoras de derecho alguno.

7.- La elevación de la educación a derecho en el preámbulo de la Constitución: Se manifestaba que la instrucción era una necesidad común que debía estar al alcance de todos los ciudadanos.

8.- La separación de Iglesia y Estado: Por primera vez en un país católico se promulga la total separación entre religión y estado. El 23.11.1793 se cerraron todas las iglesias de Francia.

9.- La creación de un código legal moderno: Napoleón se mostró tan buen estadista como general: prescribió un código legal moderno que garantizaba los derechos y las libertades, la igualdad ante la ley y la libertad de culto. Napoleón fue un "hijo de la Revolución Francesa", o, mejor expresado, fue el absoluto desorden y falta de poder centralizado originado por la Revolución Francesa lo que posibilitó que un joven general, con ideas claras y espíritu decidido, pudiera alcanzar el liderato real de un país muy cansado de luchar contra sus propios fantasmas y necesitado de orden. Pero la normativa legal propiciada por Napoleón, como compendio y respuesta de años de discusión y pelea en la Asamblea Francesa, se convirtió en el fundamento del derecho moderno europeo y mundial.

C.- Revolución industrial

C.1.- El nacimiento de la revolución industrial en Inglaterra

La fundación en 1660 de la "Royal Society", de la que entre 1702 y 1727 fue presidente Isaac Newton, es un ejemplo del creciente interés de los ingleses por la ciencia y la tecnología. Aparecieron nuevos inventos como la hiladora Jenny, hilares hidráulicos, máquinas de vapor, arado de hierro, locomotoras, vacunas, etc.

Un espectacular desarrollo comercial y colonial, respaldado por una duradera estabilidad política, había permitido la acumulación de capitales y la creación de nuevos mercados, transformando a Londres en la capital bancaria de Europa a partir de 1750. La industrialización se financió con el capital acumulado en las Colonias.

Por otra parte, la concentración de la propiedad de terrenos, las reformas agrarias, la rotación de cultivos y el uso de métodos científicos en la agricultura y en la ganadería, lograron extraordinarias mejoras en la producción agrícola. La vieja élite nobiliaria continuaba siendo el grupo más poderoso y siguió enriqueciéndose enormemente con la industrialización, ya que poseían cerca del 70% de las tierras inglesas, adquirieron una mentalidad capitalista y se beneficiaron del paso del ferrocarril por sus tierras y del aumento de la producción agrícola. Además, dominaban del 70% al 80% de los puestos en la Cámara de los Comunes, influyendo siempre a su favor en las nuevas leyes.

La alta burguesía era un grupo muy restringido de grandes banqueros e importantes comerciantes y empresarios que procuraba siempre emparentarse con la alta aristocracia mediante compras de títulos o casamientos. La media y baja burguesía, formada por artesanos y propietarios de pequeños y medianos talleres estaba formada por emprendedores que empezaron a exigir mayor representación política, formando la base del partido liberal.

La revolución agraria estimuló la revolución industrial al liberar mano de obra campesina que buscó refugio en las ciudades. Empiezan a sufrir por primera vez la tiranía del reloj, que les impone largas jornadas de trabajo en ciudades con una industrialización salvaje. Las mujeres y niños eran mano de obra barata, el absentismo laboral se penalizaba con la cárcel, los servicios públicos eran mediocres o inexistentes, no había agua corriente en sus casas, ni alcantarillado ni servicios de limpieza urbana, lo que provocaba epidemias.

Una mejor alimentación y nuevas normas higiénicas que redujeron la mortandad de recién nacidos, incrementaron la población de Inglaterra y Gales en el siglo XVIII de 5,5 millones a 9 millones, aunque en dicho período otro millón de habitantes emigraron hacia América y otras colonias.

Los adelantos tecnológicos en la industria textil (la lanzadera volante de John Kay de 1733, la hiladora mecánica perfeccionada por Crompton en 1779 y el telar mecánico de Carwright en 1785) ampliaron su capacidad fabril multiplicándola.

La nueva tecnología del vapor nació en las minas de hulla de Gran Bretaña consiguiendo convertir el calor en movimiento. En los años siguientes los emprendedores británicos mejoraron la eficiencia de la máquina de vapor, la sacaron de los pozos de las minas y la conectaron con los telares y otras máquinas y en un abrir y cerrar de ojos Gran Bretaña se convirtió en la fábrica del mundo.

El vapor engendró la revolución de los transportes que disparó a los británicos desde las estrecheces de la isla hasta las más altas esferas del poder del mundo, con barcos y ferrocarriles a la par de sus cañones y sus estadistas.

Entre 1825 y 1830 se construyeron las primeras locomotoras de vapor y poco después se descubrieron los motores de combustión interna para transformar el transporte con el petróleo. En el fondo, la revolución industrial ha sido una revolución de la conversión de la energía, demostrando una y otra vez que la energía que tenemos a nuestra disposición es ilimitada. Los métodos de producción industrial se aplicaron también a la agricultura y la ganadería. Hoy en día en EEUU sólo el 2% de la población vive de la agricultura.

La locomotora realizó el primer viaje entre dos ciudades inglesas y en pocos años se instalaron miles de kilómetros de vías férreas que abarataron los costes de transporte y ampliaron los mercados. Se duplicó la capacidad de transporte de los barcos reduciéndose, con la máquina de vapor, el tiempo necesario para cruzar el Atlántico.

Entre el Congreso de Viena de 1815 y la guerra franco-prusiana de 1870, Reino Unido fue la gran potencia industrial del mundo, con más del 30% de la producción industrial global en 1870. En su papel de "taller del mundo, el Reino Unido podía producir manufacturas de manera tan eficiente y económica que podía vender más barato que los productores locales en los mercados extranjeros. El Reino Unido pudo prosperar gracias al comercio, sin necesidad de recurrir al gobierno formal en su área de influencia.

C.2.- Conversión de Inglaterra en la mayor potencia mundial

La reina Victoria acertó en sus decisiones económicas, apoyando la industria al mismo tiempo que presentaba su época con la fachada de la tradición y ocultaba a las grandes masas de obreros que vivían en pésimas condiciones. La industrialización supuso el despoblamiento de grandes zonas rurales.

El vapor engendró la revolución de los transportes que disparó a los británicos desde las estrecheces de la isla hasta las más altas esferas de poder del mundo con sus barcos y ferrocarriles a la par de sus cañones y sus estadistas.

Esta época es conocida como la del reinado del Imperialismo, concepto que alude a las políticas ejecutadas por un Estado para dominar y colocar bajo su dependencia a otros pueblos. Los países europeos optaron en el siglo XIX por colonizar, utilizando sus adelantos técnicos y armamentísticos, África, Asia y Oceanía. A finales del siglo XIX los países europeos impusieron sus condiciones en este mercado mundial, produciendo manufacturas y exportándolas a los países dominados, a los que, a su vez, compraban materias primas a bajo precio.

Inglaterra, más avanzada que los demás países europeos, se llevó la parte del león y con el dominio de los océanos con sus barcos de guerra y mercantes, logró convertirse en la mayor potencia mundial de la época, aunque un país nuevo como USA pronto se organizó y para finales del siglo XIX empezó a reclamar ese derecho.

Iniciada en Inglaterra, la revolución industrial se extendió rápidamente a USA y a países europeos como Francia y Alemania. A medida que otras potencias comenzaron a industrializarse y a innovar su tecnología en los años 70 del siglo XIX, El Reino Unido comenzó a experimentar los efectos de una competencia real.

El Imperio Alemán y EEUU incluso comenzaron a superar los modelos británico y francés a partir de 1870 en el sector textil y el del metal., en cuanto a organización y eficiencia. Para el cambio de siglo ya la industria alemana y la de EEUU eran los nuevos "talleres del mundo".

Solo las exportaciones invisibles (bancos, seguros y transporte) mantuvieron al Reino Unido a salvo de los números rojos, empezando a perder su hegemonía económica en los países del llamado tercer mundo y en sus propias colonias.

Las dificultades comerciales del Reino Unido se agudizaron con la "Gran Depresión" de 1873-1896, un período prolongado de deflación, con abundantes quiebras de negocios, lo que indujo al gobierno a abandonar el libre comercio entre las potencias europeas.

C.3.- Cambios para el Homo Sapiens

El desarrollo económico producido por la revolución industrial supuso cambios trascendentales en la forma de ver y vivir la vida, incluso generando una transformación del estatus humano que por un lado decidió eliminar la trata de esclavos a partir de la década de 1.840, pero creando otro tipo de esclavitud con la conversión de millones de personas en operarios de minas y fábricas en situaciones de trabajo durísimas y con emolumentos justos para la supervivencia.

A principios de siglo XIX los derechos de los trabajadores eran prácticamente nulos. Y el mundo cambió.

En 1.870, como nos lo expone Bradford Delong, despegó el cohete del crecimiento económico moderno y la competencia tecnológica de la humanidad se duplicó en cada generación. Parecíamos haber conseguido de pronto los medios para hornear un pastel económico lo suficientemente grande como para que todos pudieran percibir su porción, para que todos se sintieran seguros, sanos y contentos: LA UTOPÍA parecía estar a nuestro alcance.

C.4.- Sobre la evolución hacia la igualdad: la mayor revolución

Como nos lo comenta Thomas Piketty en su libro "Breve historia de la igualdad", desde 1780 a 2020 se observa una evolución hacia una mayor igualdad de estatus, patrimonio, ingresos, género y raza en la mayoría de las regiones y sociedades del mundo y en cierta escala a nivel mundial. Ésta es la que yo considero la "mayor revolución de la historia de la humanidad", porque esta posibilitando por primera vez que la servidumbre y el esclavismo de la mayor parte de los seres humanos hasta el siglo XIX vaya transformándose de forma paulatina pero constante en la creación de grupos humanos "burgueses", económicamente independientes y jurídicamente capaces de tomar decisiones sobre sus propias vidas, sin depender del criterio de sus "amos" o "señores".

El ejemplo más potente es el "milagro chino", que ha conseguido que más de 800 millones de seres humanos haya pasado de una pobreza casi absoluta a un nivel social y económico que ni siquiera podían imaginar hace solo 40 años.

Ello no evita que sigan en 2024 diversas desigualdades en niveles considerables e injustificados en cualquier caso (estatus, propiedades, poder, ingresos, género, origen, etc).

Desde finales del siglo XVIII el movimiento hacia la igualdad se ha basado por una serie de mecanismos institucionales específicos como:

- La igualdad jurídica formal, aunque no impida una profunda discriminación por razón de origen o de género
- El sufragio universal y la democracia parlamentaria representativa que aún es muy imperfecta
- La educación gratuita y obligatoria, pero con grandes desigualdades en el acceso
- El seguro de enfermedad universal, igual
- La fiscalidad progresiva de la renta, las herencias y la propiedad: deben ser replanteadas a nivel internacional
- La cogestión y reparto de poder en las empresas, pero aún está en pañales
- Los derechos sindicales
- La libertad de prensa, aunque un reducido grupo de oligarcas controla todos los medios
- El derecho internacional, aunque al estar basado en la circulación incontrolada de capitales se asemeja más a una nueva forma de colonialismo en beneficio de los más ricos, etc.

El movimiento hacia la igualdad tiene todavía un largo camino que recorrer, especialmente en un mundo en el que los más pobres (los más pobres de los países más pobres) van a sufrir cada vez con más intensidad los daños climáticos y medioambientales causados por el estilo de vida de los más ricos.

En todo caso, debemos reconocer que es el "SISTEMA CAPITALISTA" el que ha hecho posible este asombroso cambio en la forma de funcionamiento de la sociedad humana.

C.5.- Su influencia en la naturaleza

A medida que el mundo se moldeaba para que se ajustara a las necesidades de Homo Sapiens, se destruyeron hábitats y se extinguieron especies. Nuestro planeta, antaño verde y azul, se empezó a reconvertir en un centro comercial de hormigón y plástico. La extinción de especies animales y vegetales se aceleró de forma brutal, sin que al ser humano le importara, ya que priorizó el beneficio y la expansión económica a cualquier otro factor de la naturaleza.

Entre la contaminación ambiental y el crecimiento demográfico imparable del Homo Sapiens, la degradación ecológica ha sido y sigue siendo intensa. Degradación ecológica no es lo mismo que escasez de recursos. De hecho, el desorden ecológico puede poner en peligro la vida de Homo Sapiens. Pero no es realmente una destrucción de la naturaleza, sino un cambio, ya que la naturaleza no puede ser destruida. En el peor supuesto para nosotros los "HOMO SAPIENS", otros seres vivientes nos sustituirán. Hemos empezado a dañar muy seriamente a nuestro propio planeta, del que formamos parte y del que no somos dueños, aunque nuestro planeta haya sido siempre nuestro aliado y haya sido quien nos ha permitido evolucionar hasta lo que hoy día somos.

¿Cómo estamos respondiendo?

Nos hemos capacitado para herirlo y. por tanto, para herirnos a nosotros mismos como especie. Somos conscientes de que somos parte del planeta tierra, pero, demasiadas veces, no lo somos de que también somos una parte prescindible de ella y de que, si nos esforzamos un poco más, es muy posible que se canse de nosotros y nos expulse o nos excluya tal como nosotros eliminamos a una mosca molesta.

Según un estudio global, el 75% de la superficie terrestre del planeta está deteriorada gracias a la influencia directa de una sola especie viva, la nuestra y afecta a 3.200 millones de personas y, si esta tendencia continúa, podrá degradarse hasta el 95% para 2050. La degradación del suelo, la pérdida de la biodiversidad y el cambio climático son las tres caras de un mismo problema fundamental: el impacto cada vez más peligroso de nuestras decisiones y egoísmos sobre la salud de nuestro entorno natural.

La mayoría de los gobiernos no consideran a esta degradación planetaria como un problema urgente y lo es, antes de que se vuelva irreversible y pierda su urgencia. Hay muchas soluciones para revertir estas tendencias, como la planificación urbanística adecuada, la reforestación con especies nativas, la construcción de infraestructuras verdes, la rehabilitación de suelos contaminados, el tratamiento de aguas residuales, la restauración de canales fluviales, la utilización de energías renovables, etc. Es necesario equilibrar las áreas urbanas, la industria, el transporte y la agricultura de forma integral y mundial.

Además, estamos creando bombas atómicas capaces de destruir no solo nuestro hábitat sino también nuestra propia especie, estamos construyendo centrales nucleares y depositando materias radiactivas que permanecerán así durante miles de años.

4.5.- ¿Por qué nada ha cambiado?

A.- ¿Por qué?

¿Por qué siguen las guerras?

¿Por qué la tendencia al gregarismo no se ha modificado?

¿Por qué los "hombres fuertes" y psicópatas siguen dominando la economía y la política en casi todo el mundo y su influencia crece y crece, mientras las democracias parecen reducirse?

¿Por qué la educación no ha conseguido los objetivos esperados?

¿Por qué el pensamiento crítico sigue dominado o dormido?

B.- Esta es mi respuesta

Seguimos siendo casi tan ignorantes como nuestros antepasados, como todos aquellos que durante los últimos 12.000 años han sido tratados como bestias de carga y animales sólo útiles para el beneficio exclusivo de sus "señores" y "dueños". La inmensa mayoría seguimos aceptando una vida subyugada y vacía y seguiremos siendo la carne de cañón que unos pocos hombres fuertes necesitan para conseguir sus propios objetivos de riqueza y poder.

Y todavía las mujeres no han despertado del todo, no son ni siquiera conscientes del "papel decisivo" que ellas deben asumir y que necesitamos los "estúpidos hombres" que asuman.

Todavía somos incapaces de comprender que nuestro futuro lo debemos aceptar nosotros y nosotras, entendiéndonos y asumiendo las responsabilidades de:

- Educar a nuestra gente
- Organizar nuestra sociedad
- Controlar nuestras tendencias innatas al egoísmo, al gregarismo, a sacrificar nuestra libertad por seguridad, a vendernos por un plato de garbanzos
- Desarrollar nuestras capacidades

C.- Educar en actitudes para buscar sentido a la vida

Se atribuye a Zig Ziglar una frase excelente: «Tu actitud, no tu aptitud, determinará tu altitud». Cada uno de nosotros llegará a ser lo que quiera ser solo si tiene la actitud necesaria, es decir, si se prepara, si lucha, si es capaz de levantarse cada vez que tropiece y caiga, si mira siempre hacia adelante con la actitud positiva de llegar hasta la siguiente etapa.

¿Podemos inculcar estas actitudes en nuestros hijos y alumnos?

Los padres y los propios profesores debemos comprender en primer lugar que solo merece la pena enseñar y aprender lo que después les va a servir en su desarrollo profesional y humano y que debemos desterrar de la enseñanza todo lo inútil para ese menester.

Las actitudes se enseñan con la palabra, pero sobre todo con el ejemplo y la creación del interés por lo que se está aprendiendo. Debemos saber lo que la sociedad les va a demandar y prepararlos sin perder tiempo en enseñanzas inútiles sobre textos insufribles que solo les servirán para considerar las clases y la propia educación como una obligación a rechazar.

Lo que cada vez más se valora en las empresas y en la sociedad del siglo XXI son las habilidades:

Para ser autodidacta

Para aprender continuamente

Para encontrar recursos para aprender

Para aprender a aprender

Para tener pensamiento crítico

Para desear el cambio

Para ser creativos e innovadores

Para entender la palabra «resiliencia» y para practicarla

Para conocer la complejidad de la sociedad del siglo XXI

Para entender y participar en la sociedad y en la política

Para ser un ciudadano con criterio,

Etc.

¿Cuántas de estas materias se enseñan en las escuelas, los institutos y las universidades?

¿Son estas actitudes motivo de aprendizaje?

¿Por qué no?

Solo avanzan positivamente en su formación las personas que permanecen con actitudes de aprendizaje permanente, con los ojos abiertos hacia la novedad y el entorno, con ilusión de mejora y de superación personal, con el pensamiento crítico siempre dispuesto a analizar y poner en solfa cualquier "verdad" por absoluta que parezca, es decir, a razonar siempre antes que aceptar o decidir.

Y, sin embargo, un porcentaje altísimo de los adolescentes se apartan de la lectura por haber perdido en el camino la curiosidad y con ella también la creatividad y la capacidad de adaptación al cambio y a la innovación.

La primera lección es que somos nosotros, los padres y los maestros, antes que nuestros propios hijos y alumnos, quienes debemos aprender y entender la evidencia de que solo aprendemos lo que "realmente nos importa y cuándo destacamos en ello", es decir, aquello para lo que de una u otra forma estamos motivados, tenemos curiosidad o, simplemente, nos atrae de verdad.

Solo el aprendizaje realmente motivado es eficaz: aprender es una cuestión de motivación, involucración, intensidad y compromiso, no de tiempo empleado. Todo tiene que ver con la pasión, el interés, la desesperada necesidad de aprender.

La principal función de la escuela, según mi criterio, es la de educar en actitudes, la de convertir a los niños y jóvenes en personas capacitadas para hacer frente a la vida, la de conseguir que salgan de la escuela y la universidad conociendo cómo es el mundo real, cuáles son los problemas y exigencias que van a encontrar, comprendiendo la esencia del ser humano y su egoísmo congénito para que puedan optar libremente por el tipo de vida que deseen.

¿Tenemos los profesores adecuados para conseguirlo? ¿Son estos profesores unos verdaderos maestros solo preocupados por capacitar a nuestros niños y jóvenes con pensamiento crítico?

¿Los hemos preparado para este inmenso reto?

Como dice Bertrand Russell, los maestros son quienes ayudarán a que nuestra civilización avance o no avance. Ayudemos a nuestros herederos a encontrar sentido a las vidas que vivirán en este siglo XXI consiguiendo en primer lugar que se conozcan a ellos mismos y que no pierdan, en segundo lugar, la curiosidad, las ganas de aprender y la creatividad que es tan natural en todos ellos durante la niñez.

El peor servicio que la escuela puede ofrecer a la sociedad es el de "uniformizar" las mentes de nuestros hijos y nietos, para seguir siendo dóciles corderos al servicio de los poderosos psicópatas.

D.- Educación orientada a dar sentido a la vida

Como ya he comentado, somos nosotros los padres y los docentes quienes debemos aprender en primer lugar lo que significan las palabras «educar para la vida», «educar para dar sentido a la vida».

Desde la atalaya y perspectiva de una vida intensamente vivida, desde la sensación de que cada día que pasa estoy más cerca de una fecha cercana en la que mi mente dejará de pensar, me hago la siguiente pregunta:

¿Ha merecido la pena mi vida?

Y mi respuesta es SÍ.

He cometido muchos errores, en ocasiones he podido hacer daño a terceras personas compitiendo con enardecimiento y en muchas más ocasiones he podido molestar incluso por el simple delito de avanzar más rápido o más lejos que otros. Pero he aprendido lecciones, he aprendido que la vida es única y maravillosa, que merece la pena ser vivida, disfrutada y peleada. Y entre estas lecciones para conseguir una vida plena enumero, con total humildad, las que considero más importantes para incluirlas en una educación orientada a una vida satisfactoria y a conseguir la felicidad.

En primer lugar, debemos aprender y enseñar a valorar y a disfrutar lo que tenemos en cada momento, entendido como «aprovecha lo que tienes porque algún día lo echarás de menos y valora menos lo que te falta». Cada época de la vida es formidable y aporta satisfacciones que a veces menospreciamos, como la amistad, un buen rato de charla, un paseo disfrutando del paisaje, una buena compañía, una simple sonrisa de nuestra pareja, un rato con los niños, conseguir objetivos y retos por pequeños que parezcan, cumplir ilusiones, etc.

En segundo lugar, debemos aprender a valorar a los demás componentes de la especie humana como acreedores plenos de la tolerancia, el respeto y la dignidad que cada uno de nosotros queremos y exigimos para nosotros mismos. «Haz por los demás lo que quisieras que ellos hicieran por ti» (Confucio). Como nos lo expone el filósofo Javier Gomá, la dignidad es una cualidad o derecho que todo ser humano posee por el hecho de serlo. Esto coloca a todo ser humano en calidad de acreedor con respecto a todo el resto de la humanidad y, al mismo tiempo, en deudor con todos ellos.

En tercer lugar, debemos aprender y enseñar a luchar, tal como lo expone espléndidamente Juan Luis Arsuaga, «por transformar este planeta para que sea un lugar donde todos podamos vivir felices, en tolerancia, disfrutando de la naturaleza. Es suficiente trabajo como para que nadie sienta un vacío existencial. Todo el mundo tiene algo que hacer. El reto es que todos nos integremos en una única tribu: la humanidad».

Hemos de partir de un principio fundamental en el que todos los seres estamos de acuerdo, aunque para su consecución cada uno escojamos caminos diferentes: el objetivo más trascendental para el ser humano, para todo ser humano, es la consecución de la propia felicidad y de una convivencia digna.

Luis Rojas Marcos nos dice: «Aprender a vivir felices exige curiosidad, introspección y conocimiento de nosotros mismos, pero también requiere una dosis generosa de confianza, entusiasmo, autodisciplina y flexibilidad ante los cambios, pues todo en nuestro entorno está en constante transformación y movimiento».

Pongámonos esta referencia en la mesilla de la cama para recordarla cada mañana al iniciar nuestra actividad diaria, recordando también que moderar la ambición siempre ayuda a ampliar la felicidad.

E.- Democracia y guerra

Y las guerras están en absoluta contradicción con todo lo aquí expuesto, pero para enfrentarnos a las mismas, para desterrarlas de la faz de la tierra, hemos de conquistar la democracia verdadera. Ese es el camino que tenemos por recorrer iniciando por la educación y la participación efectiva de las mujeres en la sociedad.

V.- UTOPÍA: EL FIN DE LAS GUERRAS

5.1.- Nuestra actual actitud.

El gregarismo, como actitud de la mayoría de los seres humanos a lo largo de toda la historia del Homo sapiens proviene de nuestra tendencia innata a priorizar la seguridad sobre la libertad. Los seres humanos hemos preferido siempre garantizar nuestra supervivencia aunque hayamos tenido que sacrificar los llamados "DERECHOS Y LIBERTADES HUMANAS" durante miles de años y aún en la actualidad.

5.2.- Preguntas que debemos plantearnos

¿Es el ser humano capaz de cambiar intrínsecamente o, al menos, orientarse hacia una solidaridad y tolerancia, que abarque a toda la humanidad?

¿Podremos controlar nuestras tendencias innatas hacia el egoísmo, la agresividad, el abuso, la deslealtad, la desconfianza en los demás, la corrupción, la ambición, la avaricia y tantos otros que han venido formando parte de nuestra naturaleza durante tantos milenios?

Y, sobre todo, ¿seremos capaces de entender y aceptar la inmensa responsabilidad que deben asumir las mujeres en este nuevo entorno social del siglo XXI?

No tenemos otra alternativa que contestar "SI" a las tres preguntas fundamentales, aunque el camino por recorrer va a resultar muy duro y difícil. Y ese camino estrecho, con tremenda pendiente cuesta arriba y con enemigos fortísimos acechando, solo será posible recorrer si somos capaces de crear una nueva generación de personas con una visión diferente. La historia de esos pocos Homo Sapiens que han controlado, dominado, guiado y abusado de todo el 99% restante, utilizado como ganado sin cerebro, seguirá igual si no aprendemos a utilizar nuestras capacidades e imponer nuestra "nueva forma de pensar y actuar".

5.3.- ¿Cómo utilizar nuestras capacidades

¿Podremos fomentar y desarrollar nuestras capacidades también innatas para dominar nuestras tendencias innatas?

¿Podemos conseguir que el interés de las mayorías se imponga por primera vez en la historia al interés de unos pocos?

Para ello necesitamos conocer en profundidad dónde estamos en este año 2025, quién es nuestro enemigo, como piensa y por qué actúa como actúa y cuáles son las armas que hemos de utilizar para vencerlo.

5.4.- Nuestro reto y utopía: hombres y mujeres

Nuestro reto y nuestra utopía se basan en ayudar a que nuestro cerebro prehistórico evolucione lo suficiente para reconvertir el egoísmo innato en un altruismo social.

La mujer es la nueva protagonista del cambio en la especie humana, aunque aún habrá muchos hombres que se resistirán y no se lo pondrán fácil, ya que a ningún Homo Sapiens le gusta perder privilegios mantenidos durante tantos miles de años. Esta situación solamente desde hace muy poco tiempo está cambiando de manera perceptible, es decir, desde mediados del siglo XIX hasta nuestros días, mediante la modificación de los antiguos roles masculino y femenino en las sociedades occidentales.

Pero los que realmente debemos cambiar somos nosotros, los hombres. ¿Es posible que la creciente desigualdad social provocada por el Neoliberalismo y sus crecientes manifestaciones sociales de insatisfacción puedan llevarnos a situaciones extremas?

Podríamos considerar a los dictadores como aquellas personas que tienen la habilidad de alimentar las tendencias, al mismo tiempo que consiguen acallar, silenciar o anular las capacidades de la inmensa mayoría manteniéndola lo más lejos posible de la cultura. ¿No es cierto que los movimientos de extrema derecha están creciendo en todo el mundo y que proclaman a voz en grito sus aspiraciones dictatoriales?

¿Qué está pasando en todo Europa, donde el fantasma de la extrema derecha crece y crece?

5.5.- Es hora de despertarnos a la realidad

Pero si seguimos educando a nuestros hijos en conceptos prehistóricos, sus mentes seguirán ancladas en las tendencias más ancestrales. Es hora de despertarnos a esta realidad. El desarrollo y el futuro de cualquier país y del mundo entero dependen exclusivamente de la EDUCACIÓN, pero orientada a la capacitación de las personas para el control de las propias tendencias y para el control de los poderosos (tanto los políticos como los económicos).

Considero necesario un cambio radical de los sistemas educativos actuales. Sigo convencido de que solo así la mayoría de las personas que poblamos este planeta podremos pretender reducir las inmensas desigualdades sociales y económicas que existen en la actualidad. La EDUCACIÓN es el primer paso. Creo que los jóvenes son mucho más libres y están menos condicionados por las tendencias innatas, pero necesitan una EDUCACIÓN DIFERENTE. Para ellos escribo, para que aprendan como es ese mundo futuro en el que vivirán.

5.6.- La educación como base de nuestra utopía

Educare significa 'conducir, guiar, orientar, criar, alimentar'.
Educere significa 'hacer salir, extraer, dar a luz'.

Partamos, pues, de estos conceptos para acercarnos al inicio de una verdadera revolución del conocimiento, de la cultura, de la necesidad de una formación permanente en una sociedad, como la nuestra del siglo XXI, en constante cambio. Y nos preguntamos: ¿Es posible cambiar la evolución de la especie humana de forma que podamos romper con el eterno dominio de unos privilegiados sobre la inmensa mayoría de la población? ¿Es posible crear una utopía realizable que beneficie a la mayoría y no solamente a una minoría?

Y nuestra respuesta debe ser clara: SÍ. Y tenemos tres armas fundamentales:

1.- Una educación orientada a alimentar el espíritu crítico, la creatividad y el deseo de cambio en nuestros hijos y nietos, partiendo del conocimiento exhaustivo de la naturaleza y la sociedad humanas. La cultura educativa está creciendo y debe extenderse al estudio de la propia naturaleza humana, de la sociedad en que vivimos y del propio neoliberalismo.

Si somos capaces de definir nuestras carencias, si somos capaces de reconocerlas y aceptarlas, podremos empezar a recorrer el camino para aprender a superarlas.

Entre estas carencias están:

- Falta de conocimiento de nuestra verdadera historia
- Falta de conocimiento de la realidad actual y de la situación de nuestra propia democracia
- Falta de conocimiento de las leyes de la naturaleza humana y de las tendencias y capacidades, que pueden ser manipuladas y dirigidas con facilidad por personas con poder y sin escrúpulos
- Falta de conocimiento del pensamiento neoliberal y de las posibilidades de crear «otro orden diferente» que pueda discutir, dialogar y competir con el actual
- Interpretación equívoca sobre la educación actual no adaptada al siglo XXI y uniformizante.
- Falta de espíritu crítico, creativo e innovador, en el profesorado como elemento educativo de primera necesidad
- Falta de adecuada respuesta a las necesidades y demandas de la empresa del siglo XXI en la escuela y universidad actuales
- Falta de visión estratégica sobre la importancia de la educación para el progreso del país y falta de la inversión necesaria para cambiar
- Falta de valoración del necesario protagonismo del alumno en su propia educación

- Falta de participación de la mujer en nuestro devenir histórico, etcétera
- Falta de educación ciudadana necesaria para conseguir una democracia verdadera
- Falta de conocimiento sobre las causas reales de las guerras y de sus consecuencias

¿Por qué no inculcar en los niños y jóvenes conceptos como nuestra UTOPÍA, entendida como la "permanente aspiración" a conseguir que todos los seres humanos seamos capaces de comprender que somos uno, a pesar de que existan aspectos fisiológicos que aparentemente nos hagan diferentes?

¿Por qué no educar en la utopía confuciana "Haz por los/las demás lo que quisieras que ellos/ellas hicieran por ti"?

¿Por qué no enseñar a las nuevas generaciones la verdadera historia de la humanidad siempre dominada por una ridícula minoría de personas que han sabido controlar y dirigir nuestra tendencias y capacidades innatas hacia su único beneficio y en perjuicio de la inmensa mayoría?

¿Por qué no enseñar a las nuevas generaciones la absoluta contradicción en la que vivimos los seres humanos actualmente?

¿Por qué no mostrarles la realidad actual en la que la inmensa mayoría de los mal llamados "Homo Sapiens" nos seguimos dejando dominar por las tres leyes de la naturaleza y por sus tendencias innatas que han sumido a nuestro cerebro prehistórico y a nuestra historia en un sin fin de calamidades?

¿Por qué no enseñarles cuál es el potencial de nuestras propias capacidades y cómo podríamos vivir si llegamos a controlar estas capacidades innatas que pueden llegar a cambiar la convivencia entre hermanos o primos, como todos somos?

¿Por qué no enseñarles todo lo que nuestras capacidades pueden aportar, como:

- Libertad de pensamiento y de conciencia
- Lealtad y respeto
- Tolerancia (contra la intolerancia y la indiferencia)
- Solidaridad y reciprocidad
- Superación de la agresividad estructural. Etc.?

2.- La decisiva participación de la mujer en el inmenso trabajo por hacer. La situación del Homo sapiens está cambiando: la mujer ha empezado a participar y a aportar su instinto y sus grandes habilidades y capacidades tanto tiempo retenidas en su interior por la ley de la fuerza.

3.- Una democracia verdadera capaz de desarrollar tanto la educación que necesitamos como un equipo humano plenamente consciente y responsabilizado con el servicio a los ciudadanos y solo a ellos, pero a todos ellos y en especial a los más necesitados y débiles.

Es una llamada de atención, un grito, una manifestación inequívoca de nuestra universalidad, de que todos y cada una de las personas humanas que poblamos la tierra somos diferentes, pero que al mismo tiempo somos iguales y pertenecemos a una única raza, la raza humana.

5.7.- ¿Un mundo sin guerras?

Para lograr un mundo sin guerras es necesario abordar los aspectos económicos y políticos de los conflictos, siempre fundamentados en la ambición de poder y de dinero de unos pocos hombres, siempre insatisfechos con lo que tienen y poseen y siempre deseosos de ampliar su influencia y su poder sin miramiento alguno. Mientras nos consigamos que el pueblo, o al menos una mayoría, sea realmente consciente de que la humanidad, con las armas atómicas a disposición de personajes como Putin o Trump, está en un peligro nuclear inminente y, por tanto, está siguiendo un camino directo hacia el precipicio, nada será posible.

Mientras no consigamos dominar las tendencias innatas del ser humano al gregarismo y a "comprar un mínimo aparente de seguridad a cambio de ceder su libertad para elegir a quienes realmente representen sus intereses verdaderos para defender al pueblo, nada será posible. Después llegará el momento de redirigir los presupuestos de defensa hacia la educación, la atención sanitaria, los servicios sociales, el desarrollo de infraestructuras y cuantas actividades consideren necesarias los gobiernos para beneficiar al pueblo y solo al pueblo.

Un mundo sin guerras es posible a condición de la existencia de un organismo internacional con poder y legitimidad para intermediar los conflictos con justicia y equidad y para crear una legislación mundial que represente la voluntad mayoritaria de la humanidad de forma democrática.

El derecho no es una idea lógica, sino una idea fuerza; he ahí porque la justicia, que sostiene en una mano la balanza donde pesa el derecho, sostiene en la otra la espada que sirve para hacerlo efectivo. La espada sin la balanza es la fuerza bruta y la balanza sin la espada, es el derecho en su impotencia; se completan recíprocamente y el derecho no reina verdaderamente, más que en el caso en que la fuerza desplegada por la justicia para sostener la espada iguale a la habilidad que emplea en manejar la balanza.

¿Seremos capaces de cumplir con nuestra utopía?

Hemos de crear un movimiento mundial que la fomente, que concatene a las personas, que las eduque en aquellos campos y áreas que siempre nos han sido ocultados por los poderosos, que avance poco a poco y que sea universalista absoluta.

5.8.-El movimiento a favor de la paz

Como bien nos lo expone David P. Barash en su artículo "¿Son los seres humanos naturalmente violentos y belicosos?: "La evolución humana durante los últimos milenios:

A.- Ha permitido y alentado la elaboración de comportamientos violentos, pero, también

B.- Ha promovido inclinaciones y actividades sociales constructivas, que incluyen, entre otras, el altruismo, la empatía y numerosos aspectos de la coordinación social para el aprendizaje, las manualidades y la fabricación de herramientas, la construcción de viviendas, recintos para animales, sistemas de almacenamiento de alimentos, creación de cultivos, así como la domesticación de animales, organización de movimientos diarios y migratorios de personas, etc."

Barash añade: "Soy creyente en el poder de la autodirección cultural humana para defender no solo la deseabilidad de la paz sino también su viabilidad. Sin embargo, un requisito previo es que las personas se liberen de la presunción cínica, autoengañosa y, de hecho, científicamente insostenible de que nuestra especie está biológicamente condenada a una violencia incesante".

Si somos capaces de alimentar primero en nosotros mismos y después en quienes nos rodean el conocimiento de nuestras capacidades, podemos ganar la inmensa batalla que se avecina. Nuestras capacidades necesitan una razón, un acicate, un empujón para ponerse en marcha y ayudar a nuestros niños y jóvenes a pensar críticamente y a tomar las decisiones que consideren oportunas en función de sus propios pensamientos DEBERÍA SER LA ÚNICA EDUCACIÓN que deberíamos aportarles. Hay mucho camino por recorrer. Pero hay que empezar a andar, no basta con hablar.

VI.- Definición de "UNIVERSALIDAD" ("SOMOS UNO")

6.1.- La Universalidad en la antigüedad

Diógenes el cínico, preguntado de dónde venía, respondió con una sola palabra "Kosmopolites": "Ciudadano del mundo". Diógenes se definió atendiendo a una característica que compartía con todos los demás seres humanos del mundo, hombres y mujeres, griegos y no griegos, libres y esclavos. El cosmopolitismo cínico/estoico nos insta a reconocer la igual e incondicional valía y dignidad de todos los seres humanos. Diógenes nos da también a entender que es posible una política centrada en la humanidad y universalidad que compartimos, más que en las marcas de origen local, el estatus, la clase y el género que nos dividen.

Ya los estoicos acogían el concepto "kosmopolites" aclarando que ser ciudadano del mundo no exige renunciar a la identificación local. Antifonte, en el siglo V antes de Cristo nos lo dijo: "Todos somos los mismos, respiramos de la misma manera, tenemos la misma voluntad". Es una idea revolucionaria, el germen de la aspiración más noble del ser humano: la del Universalismo, un concepto perdido durante siglos.

6.2.- El siglo XX y la Universalidad

Seamos realistas, hasta que aprendimos con el ejemplo de las consecuencias de la Segunda Guerra Mundial las atrocidades que puede generar el racismo, no llegamos a comprender el concepto de la palabra Universalidad, aunque en el siglo XXI parece que volvemos a tiempos pasados. Debemos renovar en hombres y mujeres el sentimiento de que todos nosotros, sin excepción alguna y con pleno derecho, somos iguales como ciudadanos del mundo (cosmopolitismo). Hay una frase atribuida a J. F. Kennedy que me convence: "Todos habitamos un mismo planeta, respiramos un mismo aire, queremos un futuro para nuestros hijos, y todos somos mortales".

Como nos define José Antonio Jaúregui en su obra """Aprender a pensar con libertad": "No hay buen salvaje ni buen civilizado, no debemos caer en trampas tan falaces. Sólo existe una sociedad humana/inhumana".

Podemos resumir el concepto "SOMOS UNO" en las palabras que Julia Navarro expresa en su novela "La sangre de los inocentes": "No me importa de dónde soy o de dónde son los otros. Me importa dónde estoy bien y con quién estoy, me importa la dignidad humana, la justicia y la paz. De dónde es uno es algo que no se elige. Lo importante es lo que somos capaces de llegar a ser como personas, no dónde hemos nacido. No me puedo permitir que el hecho de haber nacido en un lugar me determine como persona." Y en su otra obra "Dispara, yo ya estoy muerto" utiliza otras palabras para recordarnos lo mismo: "Lo único que merece la pena es la igualdad, que ningún hombre sea más que otro hombre. Yo sólo soy un ser humano y abomino de todo lo que nos separa a los hombres. Tenía una capacidad fuera de lo común para ponerse en la piel de los demás, fueran quienes fueran, quizás por eso era tan buena analista".

También Amín Maalouf en su libro "los desorientados" nos lo expone con otras palabras: "Se nace en un planeta, no en un país. Claro, también nací en una ciudad y en un país, pero lo importante, para mí y para todos los seres humanos, es el hecho de haber venido al mundo. Nacer es venir al mundo y no en tal o cual país, o en tal o cual casa."

Como nos lo expone con absoluta claridad John Steinbeck en su excelente obra "Las uvas de la ira": "Todo ser es merecedor de respeto, ya sea blanco o negro, viejo o joven, hombre o mujer: la humildad de no aspirar a obligar a los demás a que piensen igual que tu".

La pena es que estas afirmaciones sólo son válidas para muy pocas personas, ya que una gran parte de la humanidad sigue estando totalmente condicionada y determinada por las circunstancias de su nacimiento. Es como una meta, un sueño o una UTOPÍA a perseguir.

6.3.- El Covid 19 y la Universalidad

El filósofo Javier Gomá identifica la solidaridad ciudadana manifestada en el transcurso de la pandemia Covid-19 como un imparable impulso cosmopolita en continua expansión, que nos enseña que, aunque subsistan muchas etnias en el planeta, hay una sola raza, la Humanidad, sostenida en un único principio, la dignidad individual. Ese efecto pareció generar la durísima epidemia que sufrimos entre 2019 y 2021 a nivel mundial, pero no han transcurrido ni siquiera tres años y ya todos hemos terminado casi olvidando el impulso cosmopolita y hemos vuelto a nuestros personales egoísmos.

6.4.- Educación y Universalidad

Por ello es necesario incluirlo en su educación. Como nos lo expone Patrick Weber en su obra "El palacio del Tíbet: "Mi país natal son todos los países. ninguno en concreto. Mi familia son todos los seres".Hace poco tiempo he descubierto a una filósofa americana llamada Martha Nussbaum, y me ha asombrado que su pensamiento y su forma de analizar la sociedad estén tan de acuerdo con los planteamientos de este ensayo. Martha Nussbaum concibe la educación para la ciudadanía mundial o cosmopolita como aquella que sostiene que nuestra principal lealtad debe ser con el común de la humanidad.

La filósofa norteamericana Martha Nussbaum considera como básicas las siguientes capacidades:
- El fomento del pensamiento crítico para llegar a comprender la justicia social y la convivencia pacífica
- La comprensión de las complejidades de otras culturas
- La posibilidad de hablar al menos otro idioma

Y define unas estrategias prácticas mínimas para la ciudadanía mundial:

1.- Estudiar el propio país concibiéndolo como plural y como parte de un mundo interconectado.

2.- Que el alumno profundice al menos en una tradición ajena, para aprender a ponerse en el lugar del otro.

3.- Explicar cómo se arma el relato histórico a partir de diferentes fuentes y pruebas, además de capacitarles para evaluar una narración histórica frente a otra."

Me parece estupendas sus enseñanzas básicas para que el niño y el joven inicien su preparación para la vida en la sociedad del siglo XXI, que podemos resumir así:
- Fomento del pensamiento crítico
- Comprensión y conocimiento de otras culturas
- Englobar al propio país como parte del mundo interconectado
- Aprender a ponerse en el lugar del otro
- Conocer la historia común y aprender a evaluarla

Pero también debemos incluir en las enseñanzas de nuestras escuelas:

1.- El conocimiento de la naturaleza humana: desde la juventud deben ser capaces de definir con exactitud las leyes de nuestra naturaleza humana, nuestras tendencias y nuestras capacidades.

2.- Deben igualmente aprender a controlar y reconducir nuestras capacidades y tendencias innatas latentes en la dirección adecuada para conseguir responder adecuadamente a la primera ley, a la ley de la supervivencia de nuestra especie como Homo Sapiens.

3.- Debemos enseñarles el mensaje "IGUALES EN LO DIFERENTE: SOMOS UNO".

6.5.- Las tres leyes de la naturaleza humana y la Universalidad

¿Cómo podemos llegar a entender el concepto Universalidad a partir de las tres leyes de la naturaleza humana?

La primera ley es la de la supervivencia, que siempre la ha entendido el Homo Sapiens como supervivencia individual, supervivencia del yo y de mi familia para garantizar mi reproducción y mi futuro, el de mi familia y, si ello me conviene, también el futuro de algunos más de mi especie. ¿Llegaremos a entender que nuestra especie somos todos los seres humanos? ¿Que la supervivencia debemos entenderla como de la especie Homo Sapiens en un siglo XXI?

La segunda ley, la de la fuerza, ha llevado al género humano a crear armas cada vez más potentes. Y hemos llegado a la situación actual, con casi una docena de países con armas atómicas, capaces, en caso de conflicto, de destruir y matar al 90% de la población mundial en cuestión de horas.

La tercera ley, la de la insatisfacción permanente, nos ha traído a donde estamos, a un mundo injusto por desigual, pero mucho mejor al de todas las épocas anteriores de la humanidad. Esta tercera ley, como ya lo hemos expuesto con anterioridad, ha tenido dos consecuencias: La primera consecuencia es el afán permanente de desear lo que el otro tiene y es la que ha provocado las guerras y nuestra cruel historia. Pero la principal y mejor consecuencia de la tercera ley de la naturaleza humana, la de la insatisfacción permanente, ha sido la capacidad de aprender y enseñar, la de mejorar permanentemente y también supone la búsqueda de fórmulas para asegurar la supervivencia de la especie, para convertir nuestro egoísmo individual en un egoísmo social tan amplio que abarque a toda la humanidad con el fin de garantizar su continuidad.

Y para conseguirlo hemos de empezar por educarnos a nosotros mismos y a nuestros hijos y nietos. Y éste es un argumento que debemos tener muy en cuenta a la hora de valorar nuestra situación como Homo Sapiens en el siglo XXI.

6.6.- Universalidad e Identidad

6.6.1.- Sobre el concepto de identidad

Amin Maalouf nos recuerda en su ensayo "Identidades asesinas" los diferentes componentes que utilizamos los seres humanos para reforzar el concepto más negativo de la identidad, valorándola solamente como la antítesis de la universalidad y de la igualdad de todos los seres humanos:

"¿Qué es la identidad?

1.- Nuestra tarea debe ser la de tratar de comprender por qué tanta gente comete hoy crímenes en nombre de su identidad religiosa, étnica, nacional o de otra naturaleza.

2.- Componentes de la identidad: religión, etnia, lengua...etc, pero en diferente jerarquía.

3.- La jerarquía de los componentes de la identidad de la persona no es inmutable, sino que cambia con el tiempo y puede modificar profundamente de dicha persona.

4.- La identidad del adversario muchas veces condiciona e influye en la propia.

El concepto identidad interpretado así, tal como lo están haciendo en la actualidad todos los grupos populistas, de derechas e izquierdas, genera división, genera malestar, genera solo odios y ánimos de denigración del otro.

¿Esto es lo que necesita el mundo?

6.6.2.- Identidad & universalidad

Nuestra verdadera y única identidad es la de "HOMO SAPIENS". Kenizé Mourad nos envía un mensaje sorprendente y coherente sobre el concepto de identidad en su novela "Un jardín en Baldapur": "No depende ni de un apellido, que se puede cambiar, ni de un título que te haya concedido, ni de un estatus social, ni siquiera de una familia, ni de un país, ni de una religión, ya que las distintas religiones no son sino caminos diferentes hacia una misma REALIDAD. Tampoco de un partido político, que genera con tanta frecuencia tremendas decepciones.

Cuando admitas que todas estas formas de adhesión no son más que muletas que ayudan a vivir, pero también estorban. Cuando comprendas que la identidad profunda es simplemente el ser humano abierto al mundo, en unión con lo que nos rodea, que todos hemos salido de la misma matriz, una etapa entre la piedra y el espíritu, una parcela de infinito, una parte del UNO que hay en cada uno de nosotros. Y es en la lucha por la justicia y la dignidad donde se forja la humanidad".

Somos "HOMO SAPIENS" italianos, españoles, egipcios, argentinos, congoleños, cubanos, rusos, vascos o chinos. Nos distinguimos por el apellido, es decir, un adjetivo calificativo superfluo, efímero, innecesario e intercambiable.

Como nos lo expone el escritor mexicano Carlos Fuentes en su obra "Los años de Laura Díaz": "La identidad se fortalece en una cultura de diferencias". La identidad mexicana es la que nuestro autor mejor conoce y en ella se incluyen los indios aborígenes del país, los españoles y europeos y las personas de cualesquiera otras nacionalidades que emigraron a México. Su afirmación me crea una enorme ilusión porque permite aceptar la utopía de tener al mismo tiempo dos identidades coherentes y coincidentes: la del propio país y la universal.

Nuestro nombre es único, aunque seamos más de ocho mil millones de personas con el mismo nombre. La identidad del Homo Sapiens es universal. Lo que realmente nos diferencia son detalles superfluos, de coloración de piel, ya que los elementos culturales, ya sean religiosos o propios del lugar donde cada uno de nosotros nació son absolutamente compatibles con una identidad universal que respete e incluso apoye las identidades nacionales y regionales que enriquecen sus culturas.

6.6.3.-Todos nacemos en algún lugar

Personalmente me siento vasco y, al mismo tiempo, estoy escribiendo este ensayo en el que afirmo rotundamente "SOMOS UNO", en el sentido más amplio y vinculante de la frase, es decir, que todos los hombres y mujeres somos iguales en derechos y deberes, todos somos acreedores/as del mismo respeto y de la misma dignidad y todos somos descendientes directos/as de la misma abuela.

El respeto y amor a las costumbres, lengua, folclore, y demás características típicas de una zona determinada del mundo, en la que hemos nacido o en la que nos hemos hecho "hombres o mujeres" o en la que hemos podido rehacer nuestra vida, no es incompatible con el concepto de universalidad, sino todo lo contrario.

Amar lo nuestro y compartirlo con los demás es quizás algo a lo que la humanidad no está acostumbrada, pero en nuestra época de "globalización cultural", ello es necesario e imprescindible. Todos nacemos en una nación con una cultura, una lengua, una tradición religiosa, y unas costumbres a las que nos adherimos sentimentalmente e incluso racionalmente por el simple hecho de ser las de nuestros padres, nuestros amigos y el entorno social en el que vivimos los primeros años de nuestra vida. Y es la cultura que recibimos y que nos condicionará durante toda nuestra vida.

Y las circunstancias familiares de cada uno también influyen la mayoría de las veces de forma decisoria en nuestro personal concepto de nacionalismo. Y aquí se interrelacionan el concepto nación (llamando así tanto al lugar donde has nacido y te has socializado como también al lugar en el que quieres desarrollar tu proyecto de vida y en el que te integras para conseguirlo, incluso llegando a amarlo como propio) y el concepto universalidad, en el que se integran todas las naciones y lugares sin que ninguno sea ni mejor ni peor, ni superior ni inferior que los demás.

Y se puede ser nacionalista incluso de dos lugares al mismo tiempo, donde se ha nacido y donde uno ha desarrollado su proyecto de vida, sin dejar de ser universalista absoluto. "Iguales en lo diferente: Somos Uno"

6.6.4.- El concepto de nacionalismo

Manuel Pimentel nos expone su visión sobre el nacionalismo en su obra "Monteluz": "Nacionalismos, naciones, razas, religiones, banderas: todo es la misma historia, un grupo de gente que quiere excluir al restante. Cualquier nacionalismo o fundamentalismo desemboca siempre en lo mismo: odio, irracionalidad, muerte. Las naciones no son más que el fruto de acontecimientos históricos: azar, estrategias militares, bodas reales, todo menos esos valores divinos que algunos pretenden dar a la patria, cuestiones de tálamo y alcoba decidieron muchas de las fronteras actuales y no hay que darles más valor del que tienen".

Nunca nos lo contaron así. Pero sí se preocuparon todos quienes dirigieron y controlaron el poder en todas y cada una de las naciones donde nacemos los hijos del pueblo ignorante, la necesidad de defender o agrandar el país, aunque no explicaran que era exclusivamente que fuera para defender sus haciendas o agrandarlas de forma desmesurada mientras era el pueblo el que moría en las fronteras y en las trincheras.

¡El puñetero gregarismo! ¡La permanente ignorancia!

Durante los últimos 12.000 años se pueden contar con los dedos de la mano los reyes y dictadores (que lo fueron todos hasta la llegada de la democracia en el siglo XVIII a EEUU e Inglaterra, mucho más tarde a otros países y aún ni anunciada en otros muchos) que se preocuparan por la educación del pueblo, cuando ello solo podía suponer que aprendieran a pensar y, por tanto, a generar potenciales problemas.

¡Y no vayamos a creer que en democracia hayamos mejorado demasiado! Como nos lo expone Juan Eslava Galán en su obra "Historia del mundo para escépticos": "El nacionalismo es esa ancestral tontería de la que tanta gente improductiva y enredadora vive en nuestros confusos tiempos".

6.6.5.- Universalidad & nacionalismo

Hasta hace no mucho tiempo, el concepto nación se ligaba exclusivamente con una dinastía más o menos antigua de reyes (a veces también llamados emperadores) que tenía poder absoluto sobre vidas y haciendas de los territorios y haciendas de todos quienes vivían en su reinado. Así fue prácticamente desde hace unos 12.000 años cuando el hombre y la mujer se hicieron sedentarios y empezaron a vivir en comunidad.

Los reyes inventaron el concepto "patria" para definir su área de influencia y crear una valoración etérea de ella que hiciera imaginar a los incultos de sus súbditos que la patria (o nación) les pertenecía y debían defenderla contra quien osara atacarla. En mi niñez la frase "Dios, patria y rey", aunque estuviéramos bajo la cruel dictadura de Franco, era muy utilizada y repetida para hacernos creer que nos pertenecía y debíamos luchar por ella. Aún en la actualidad se inculca el concepto "patria" en todos los países del mundo y en ninguno de ellos el concepto Universalidad.

Sin embargo, tal como nos lo expone Manuel Pimentel en su novela "Puerta de Indias": "Una nación que está por encima de las personas no merece la pena ser vivida. Ninguna patria merece tanta muerte, ningún pueblo puede cimentarse en la venganza y el dolor. Y las naciones se están convirtiendo en inconvenientes para la armonía mundial. En vez de unir, distancian".

El concepto nación debe, pues, ser un sistema creativo, corporativo, dirigido por y para el pueblo, una organización que busque no solo lo mejor para quienes son parte de la mismas, sino incluso sea absolutamente compatible con el entendimiento de todas las naciones de la tierra en aras de la universalidad y la mejoría permanente de las condiciones de vida de todos. Es un error pensar que es incompatible ser "ciudadano del mundo" y ser ciudadano europeo, español o vasco, siempre que comprendamos que la solidaridad debe ser el factor básico de convivencia entre todos".

6.6.6.- El concepto "ser humano" es erróneo

Definimos erróneamente como humanismo el conjunto de capacidades positivas que tenemos por pertenecer al género HOMO SAPIENS. Pero el HOMO SAPIENS, simplemente por serlo, tiene en sus genes unas tendencias innatas al egoísmo, a la agresividad, a la maldad y a la violencia, siempre orientadas a la supervivencia y a intentar superar a los demás e incrementar el poder y la riqueza. En la palabra "humanismo" debemos incluir tanto las capacidades positivas como esas tendencias negativas innatas de todo ser humano. Ser humano significa aceptar como propias las tres LEYES DE LA NATURALEZA HUMANA y sus consecuencias.

Ser humano no debería tener el sentido de ser "buena persona", como nos ha inducido a pensar la educación cristiana. El concepto "ser humano" es erróneo o equívoco, ya que sirve en su conceptuación más aceptada, como expresión de ser mucho mejor que los animales irracionales, incapaces de compasión o bondad.

6.6.7.- El concepto "Homo Sapiens"

La realidad es que el Homo Sapiens es el animal más cruel, más mentiroso, más agresivo y violento que existe. Sólo él es capaz de odiar y desear el mal a otra persona de su propia especie y todo ello debe estar incluido en la palabra "humanismo". Pertenecer a la estirpe "HOMO SAPIENS" debe hacernos repensar y reconsiderar roles y prejuicios que se nos han inculcado desde niños.

Y lo menos convincente es que se haya puesto el apelativo de "Sapiens" a todos los seres humanos, cuando la inmensa mayoría tan poco capaces somos de utilizar adecuadamente nuestro propio conocimiento o sabiduría. Habría que considerar a esa palabra (sapiens) más como una oportunidad o una capacidad que se puede desarrollar con esfuerzo, que como un hecho en sí.

Habría que distinguir los "Homo Sapiens" (esa minoría que ha conducido la historia de la humanidad con astucia y siempre movida por la codicia y el ansia de poder) de los "Homo Non Sapiens", es decir, la inmensa mayoría dominada, conducida y utilizada como medio para el beneficio de unos pocos. Requiere un esfuerzo de humildad, pero son los hechos los que cuentan la verdad y no las palabras.

6.6.8.- Aspirar al humanismo

Y forma parte de nuestra UTOPÍA ampliar el concepto "Sapiens" al mayor número de personas, exactamente lo contrario de lo que durante los últimos 12.000 años han hecho los "personajes singulares" que han conducido el rebaño, quienes se han servido de la ignorancia y de las tendencias al gregarismo y a ceder libertad por conseguir seguridad de los seres humanos. El concepto humanismo requiere un análisis amplio y un conocimiento profundo del ser humano, de las tres leyes de la naturaleza humana y de sus tendencias y capacidades.

Aspirar al humanismo es sinónimo de aspirar al universalismo, a entender y vivir conforme al concepto "SOMOS UNO". Las tres leyes de la naturaleza humana (la ley de la supervivencia, la ley de la fuerza y la ley de la insatisfacción permanente) siguen en pleno vigor y las debemos tener siempre en cuenta a la hora de hacer afirmaciones y desear obtener resultados a corto, medio y largo plazo. El concepto de "IGUALDAD" no encaja con las tres leyes.

Si somos egoístas por naturaleza, si somos más fuertes y si estamos insatisfechos permanentemente y queremos superarnos y superar a los demás, la igualdad no tiene cabida en nuestro "sentido común". La primera interpretación nos induce a pensar que las leyes que creamos a favor de la igualdad van contra "las leyes de la naturaleza humana", es decir, son "antihumanas".

¿Qué podemos hacer?¿Cabe otra interpretación o alternativa a esa afirmación? Si y está en nosotros encontrarla.

6.6.9.- Conozcámonos y aprendamos a avanzar

La información y el conocimiento se "vulgarizan", se convierten en alimento de innumerables seres humanos ávidos de saber, de buscar caminos hasta hace poco muy poco tiempo cerrados y supuestamente destinados a una minoría de privilegiados. La sociedad no es justa ni llegará nunca a serlo, pero nuestra labor está en buscar aquellos medios que ayuden a reducir en lo posible las desigualdades sociales, incluso limitando algunas libertades de las que hacen un uso desmedido y egoísta unas pocas personas de nuestro sistema social.

Deben ser los gobiernos verdaderamente democráticos, los escogidos por la mayoría y dedicados exclusivamente a favorecer a la mayoría, los que marquen las pautas de conducta social para avanzar hacia la limitación de las brutales desigualdades actuales. Lo debemos tener muy claro.

El concepto "SOMOS UNO" lo debemos interiorizar para llegar:
- En primer lugar, a comprenderlo
- En segundo lugar, a respetarlo
- En tercer lugar, a aceptarlo como algo intrínseco del HOMO SAPIENS y
- En cuarto lugar, a ponerlo en práctica en nuestra vida diaria.

Porque tenemos capacidades en nuestros propios genes humanos que pueden y deben ser fomentadas, alimentadas y priorizadas para conseguir si no controlar totalmente, si codirigir nuestras propias tendencias innatas, hacia un "egoísmo colectivo" como HOMO SAPIENS que somos. Amín Maalouf, en su novela "Samarcanda" nos anima a avanzar en este camino: "En cada etapa se llega a alguna parte, a cada paso se puede descubrir una cara oculta de nuestro planeta, basta con mirar, con desear, con creer, con amar."

Es hermoso tener esa mirada, intentar crear el futuro con el deseo de mejorarlo y de dejar nuestra sociedad, cuando nos vayamos, un poco mejor que como la encontramos cuando llegamos. ¿Cómo será nuestro próximo futuro? ¿No es mejor que dependa de nosotros?

Hay mucho trabajo por hacer, mucho camino por recorrer y si no damos los primeros pasos, por cortos que sean, nunca llegaremos a esa meta utópica que deseamos. ¡Demos los primeros pasos!

6.7.- Sobre el concepto de tolerancia

6.7.1.- La tolerancia antes del Dios Único

Es curioso comprobar que hasta que las religiones del "dios único" se impusieran, los grandes imperios humanos fueron siempre mucho más tolerantes con las religiones de los países dominados, siendo capaces incluso de aceptar y adoptar a los dioses de dichos países como propios. El politeísmo siempre fue mucho más tolerante.

La tolerancia no era un criterio básico de relación, sino, en todo caso, un sistema de dominio inteligente, que, respetando las convicciones religiosas y la cultura del país conquistado, evitaba conflictos innecesarios. ¿Eran los hombres más tolerantes antes de Cristo? No lo creo, ya que las leyes que conocemos de esas épocas eran mucho más rigurosas que las actuales.

¿O simplemente se dio cuenta Constantino de que la religión podía ser un arma política de primer orden? Los dogmas religiosos y la promesa de la otra vida permitieron durante demasiados siglos a los dirigentes religiosos mantener a las clases bajas e incultas subyugadas a las dictaduras absolutistas de los monarcas europeos y de todo el mundo. Pero lo más difícil de entender (si no fuera porque todos los seres humanos, religiosos o no, estamos sujetos a las tres leyes de la naturaleza humana) es que la religión cristiana que predicaba el amor al prójimo pusiera en marcha la intolerancia más cruel contra los "diferentes", los no creyentes o los disidentes.

6.7.2.- ¿Estamos cambiando algo en la actualidad?

Y es la hora de preguntarnos: ¿Somos los animales racionales capaces de cambiar y de entender y poner en práctica que todos los Homo Sapiens somos iguales, como consta en la actual declaración de los DERECHOS HUMANOS? En mi opinión, los seres humanos estamos poco a poco avanzando hacia principios de tolerancia y de comprensión del diferente porque tenemos capacidad para ello, aunque quede mucho camino por andar.

Es increíble que, incluso en nuestro mundo occidental, no seamos aún capaces de respetarnos lo suficiente, es increíble que aún no entienda nuestra sociedad que el "respeto al otro" es lo mismo que "el respeto que yo exijo para mí". Volvamos a Confucio: "Haz por los/as demás lo que quisieras que ellos/as hicieran por ti".

¿Cuánto camino queda hasta que seamos capaces de entender que todas las personas somos iguales, hombres y mujeres, mujeres y hombres? No va a ser fácil cambiar, pero tenemos una enorme ventaja: en nuestro mundo lo único permanente es el cambio. Admitir la igualdad de todos los seres humanos es mucho más que "tolerar", es un concepto que debemos llegar a interiorizar, que somos capaces de interiorizar, pero reconociendo que va a ser un camino lleno de obstáculos.

Michael Roes en su obra "Donde empieza el desierto" nos comenta: "El odio y la crueldad con los diferentes son los únicos sentimientos a los que hay que enfrentarse sin tolerancia. Porque, aunque los hombres pertenezcamos a distintas culturas, a todos se nos ha dado el sentido de lo injusto y lo falto de escrúpulos".

La tolerancia supone la no imposición dogmática de credos, el ser capaz de odiar cosas como el racismo, la xenofobia, el dar importancia no solo al triunfo de unos cuantos, sino a la posibilidad de educación y bienestar de todos. Es un canto al ciudadano frente a la tribu, una llamada a la tolerancia.

6.7.3.- Dios contra la universalidad

Muchas veces me he preguntado:

¿Cómo es posible que la cultura griega y el imperio romano hasta el siglo IV después de Cristo jamás sufrieran una sola guerra de religiones?

¿Cómo es posible que los diferentes gobiernos romanos hasta Constantino, quien convirtió el cristianismo en religión única del Imperio, fueran no solo tolerantes con todas las distintas religiones de los muchos países que llegaron a dominar, sino que incluso las aceptaran como propias en ocasiones?

¿Por qué los cristianos fueron los únicos perseguidos por algunos emperadores romanos, aunque mucho menos de lo que algunas divulgaciones exageradas han plasmado?

A esta última pregunta creo haber encontrado cierta respuesta por la negativa tajante de los cristianos a aceptar al César como un dios o como era costumbre en Roma, al menos como Pontifex Maximus. Pero llegó el Dios único de los cristianos y "se armó el belén" al obligar a todo el mundo a convertirse en cristiano por orden del emperador si no quería ser encarcelado e incluso ajusticiado. El maravilloso concepto de "Universalidad" y "tolerancia" utilizados por griegos y romanos durante mil años se fue al carajo y apareció la "estrecha faja universal cristiana", más tarde imitada con plena eficacia por la mahometana. Su universalidad se limitó a "nosotros los cristianos" o "nosotros los musulmanes", enfrente de "los otros", es decir, todos los demás.

Como nos expone Julia Navarro en su novela "Dispara, yo ya estoy muerto": "La idea de Dios lleva a los hombres a pelear entre sí por la manera en que se dirigen a él, por los ritos con los que se le acercan. Me parece absurdo que los hombres nos peleemos por creer que el Dios al que rezamos es mejor que el Dios de los otros. Algún día a nadie le preguntarán en quién cree o a quién reza y todos los hombres seremos iguales".

191

6.7.4.- El camino marcado por Luís Ferrajoli

El filósofo italiano Luís Ferrajoli nos marca un camino, en mi opinión bastante utópico, para una posible "Universalidad" política, que siempre debemos tener en cuenta en el camino hacia nuestra utopía: "El mercado global es obviamente legítimo, pero es un lugar de poder y no de libertad. El poder de los mercados se ha hecho evidente con la globalización. Cuando los mercados han desbordado las fronteras nacionales, los poderes económicos han revelado ser también poderes globales, que se han fortalecido extraordinariamente porque no existe esfera pública a su altura.

La izquierda cometió el error histórico de la adhesión al modelo soviético, opción equivocada desde el comienzo. Después ha vivido esta adhesión con un sentimiento de culpa y tras la caída del muro ha hecho todo lo posible por relegitimarse, aceptando en buena parte, las políticas de la derecha:

- La precariedad del trabajo
- Las políticas contra los migrantes, etc.

La pérdida de su base social es todo uno con la pérdida de identidad política de la izquierda. Todo remite al gran problema de la globalización.

El gran riesgo de la globalización y del dominio de los poderes salvajes del mercado, cuyo ejercicio está produciendo algo que no tiene precedente en la historia: el riesgo de la inhabitabilidad del planeta. La humanidad podría desaparecer. Es un fenómeno al que habría que dar respuesta desde el derecho. Es la única respuesta posible. La guerra ya ha acabado incluso con el tabú de la bomba atómica. Hoy se dice que es improbable, pero no imposible que Putin pueda usar armas atómicas.

Si se toma conciencia de que estamos todos en el mismo barco y no queremos ser la última generación que viva en la tierra. Hacen falta límites y vínculos a los poderes desbocados a los que se debe esta situación, en garantía no solo de los derechos fundamentales, sino también de los bienes fundamentales, los bienes vitales de la naturaleza (el agua, el aire, las grandes masas forestales, los grandes glaciares, aquello de lo que depende nuestra supervivencia). Todo ello precisa la construcción no solo de un derecho, sino de una garantía objetiva de cómo sería un demanio (bien o derecho de titularidad pública) planetario, con el fin de ponerlos fuera del comercio, que no sean privatizables. Si no, serán destruidos.

Y debería ser la Asamblea General de la ONU la que articulara todo el esfuerzo necesario para conseguirlo. Las grandiosas promesas de la Carta de la ONU y de las cartas de derechos han fallado por la ausencia de las garantías.

Mi proyecto de la Tierra sirve para señalar una perspectiva. Sus 100 artículos son el diseño estructural e institucional de un ordenamiento fundado esencialmente en las instituciones de garantía. Las instituciones de gobierno deben seguir siendo de ámbito estatal, debido a que son tanto más legítimas cuanto más representativas y la relación de representatividad exige cierta proximidad entre los sujetos implicados en ella.

A escala mundial basta con instituciones como el Consejo General y la Asamblea de la ONU, que únicamente deben ser democratizadas.

¿Cómo conseguirlo?

Yo estoy convencido de que, si Occidente tomase la iniciativa en este asunto, poniendo en marcha un proceso gradual, no sería necesario llegar a una Constitución de la Tierra, bastaría con suscribir una serie de tratados, que, eso sí, deberían estar caracterizados por la rigidez para dotarlos de vigencia efectiva. Por ejemplo:

1.-Un tratado sobre la paz que supusiera la eliminación de las armas, de todas, no solo de las nucleares.

2.- Un tratado sobre el medio ambiente con la institución de un demanio planetario para poner fin a la destrucción de la naturaleza.

Es cuestión de voluntad política. Se trata de asumir la existencia real de una humanidad mestiza, en la que se asegura la salud y la subsistencia de las personas, que puedan desplazarse donde quieran".

Debe servir de base a nuestras reflexiones.